Allegria

Der Autor

John Selby, Doktor der Philosophie, Unternehmensberater, Psychologe, Bewusstseinsforscher und Pädagoge, studierte an der Princeton University, am Theologischen Seminar in San Francisco, am University College Berkeley, am Amerikanischen Filminstitut und am Radix Institute. Er hat Gesundheits- und Persönlichkeitsprogramme für große Industrieunternehmen entwickelt, an verschiedenen Universitäten gelehrt und ist Autor zahlreicher Bücher. John Selby lebt auf Hawaii. Weitere Informationen zum Autor erhalten Sie unter: www.Uplift.com

Von John Selby sind in unserem Hause erschienen:

Das Energie-Prinzip
Das Freundlichkeits-Prinzip

John Selby

Das Energie-Prinzip

Das Programm gegen den Burn-out

Aus dem Amerikanischen
übersetzt von Gabriel Stein

Ullstein

Besuchen Sie uns im Internet:
www.ullstein-taschenbuch.de

Allegria im Ullstein Taschenbuch
Herausgegeben von Michael Görden

Aus dem Amerikanischen übersetzt von Gabriel Stein

Umwelthinweis:
Dieses Buch wurde auf chlor- und säurefreiem Papier gedruckt.

Ullstein Taschenbuch ist ein Verlag der
Ullstein Buchverlage GmbH, Berlin.
Neuausgabe im Ullstein Taschenbuch
1. Auflage August 2009
© 2009 by Ullstein Buchverlage GmbH, Berlin
© 2009 des Originalmanuskripts
Personal Energy Management by John Selby
Lektorat: Marita Böhm, München
Umschlaggestaltung: FranklDesign, München
Titelabbildung: Hildegard Morian / www.moriandesign.de
Gesetzt aus der Baskerville
Satz: LVD GmbH, Berlin
Druck und Bindearbeiten: GGP Media GmbH, Pößneck
Printed in Germany
ISBN 978-3-548-74469-8

Inhalt

Seien Sie tiefer verwurzelt –
Verstärken Sie Ihre Ausstrahlung –
Steigern Sie Ihre innere Kraft –
Erweitern Sie die Qualitäten Ihres Herzens –
Kommunizieren Sie mit mehr Einfühlung –
Erschließen Sie das höhere schöpferische Potenzial
Ihres Bewusstseins –
Handeln Sie mit der Weisheit und Stärke
aus Ihrer tiefen Quelle –

Sie haben in Ihrem Körper sieben ursprüngliche Kraftzentren – eines für jede der oben genannten Zielsetzungen. Im vorliegenden Buch werden Sie lernen, mit jedem dieser Kraftzentren bewusst umzugehen, sodass Sie sich besser fühlen und Ihre Persönlichkeit mit einem Höchstmaß an Selbstvertrauen, Hellsicht und Charisma zum Ausdruck bringen.

Einleitung

Persönliches Energiemanagement als höchste Herausforderung

Es ist seltsam, dass gerade die wichtigsten Dinge im Leben oft am wenigsten untersucht, erörtert oder verstanden werden. Zum Beispiel sind wir allem Anschein nach tatkräftige Wesen, die von einem Augenblick zum nächsten ganz und gar auf das jeweilige Maß an persönlicher Kraft angewiesen sind, um überhaupt etwas zustande zu bringen. Doch obwohl wir die Schubkraft einer Raumsonde, die mehrere Hunderttausend Kilometer von der Erde entfernt ist, genau regulieren können, wissen die meisten von uns nicht, wie Schubkraft und Ausrichtung des inneren Energievorrats fein aufeinander abzustimmen wären.

Wie alte Yogameister der Meditation seit Jahrtausenden wissen und wie es die medizinische Forschung heute belegt, wird jeder von uns mit einer einzigartigen Anordnung von sieben Energiezentren im physischen Körper geboren; sie reichen vom Überlebens-, Sexual- und Kraftzentrum im unteren Teil des Rumpfs über das Herz- / Gefühlszentrum sowie das Artikulations- / Kommunikationszentrum bis hinauf zu dem Kreativitäts- / Erkenntniszentrum und jenem geheimnisvollen »spirituellen« Zentrum oben am Kopf.

⇨ Die ebenso einzigartige wie ständig veränderliche Energieladung in jedem dieser Zentren bestimmt auf den inneren Ebenen darüber, inwieweit wir unsere Persönlichkeit entfalten und unsere Bedürfnisse und Wünsche zum Ausdruck bringen.

Wie wir im vorliegenden Buch näher ausführen werden, spiegeln diese Energiezentren sowohl unsere neurologische Struktur als auch die Funktionsweise unseres Hormonhaushalts wider, unsere physiologischen Vorgänge als auch die enge Wechselbeziehung zwischen Geist und Körper.

Wissenschaftliche Studien zeigen, dass zwischen den Gedanken und Vorstellungen, die wir gewöhnlich hegen, und unserem allgemeinen Energieniveau eine direkte Verbindung besteht. Außerdem ist bekannt, dass unser gesamtes Energiesystem – manchmal mit verheerenden Folgen – aus dem Gleichgewicht gerät, wenn wir ständig deprimiert sind oder die Ladung in einem unserer Energiezentren übermäßig stimulieren. Die Biochemie und ihre benachbarten wissenschaftlichen Disziplinen, welche die grundlegenden Energieprozesse im menschlichen Körper erforschen, vertiefen unermüdlich die Erkenntnisse darüber, was in den sieben Energiezentren das Gefühl von Stärke oder von Schwäche auslöst. Einige dieser Resultate werden wir genauer unter die Lupe nehmen.

⇨ Am wichtigsten ist jedoch Ihre eigene Erfahrung und Einsicht in Bezug auf jedes der Zentren Ihres persönlichen Energiesystems, während Sie dieses zu beherrschen lernen. Nur durch die wirksame Anwendung der Kraft in dem Zentrum, auf das Sie gerade Ihre Aufmerksamkeit richten, können Sie bestimmen, wie die inneren Energiequellen insgesamt genutzt werden sollen.

Obwohl wir sehr wohl wissen, dass es in all unseren Handlungen auf dieses innere Energieniveau ankommt, wurde in unserer Kultur kein umfassendes Programm entwickelt, das dem Durchschnittsmenschen ermöglicht, seinen energetischen Zustand verantwortungsbewusst und vorteilhaft zu verwalten. Dagegen hat man in der Yogatradition Indiens und in zahlreichen anderen alten Kulturen ebenso ausgeklügelte wie höchst wirksame Methoden gelehrt und besonders geschätzt, das eigene Energiepotenzial richtig einzusetzen. Gewisse Gruppen ziehen aus dieser Tradition weiterhin großen Gewinn. Doch mit dem Aufstieg der modernen Wissenschaft wurden solche »östlichen Energiemanagement-Systeme« ins Abseits gedrängt, eben weil sie sich durch wissenschaftliche Methoden nicht überprüfen ließen.

Nach vielen Jahren wissenschaftlicher Ignoranz im Hinblick auf den sinnvollen Umgang mit der persönlichen Energie konnten Biologie und Neurologie – auch aufgrund der damit einhergehenden interdisziplinären Forschungen – im Laufe der letzten 30 Jahre allmählich auf experimentellem Wege erfassen, was die Alten auf intuitive Weise entdeckt hatten.

⇨ Indem sich unsere Kultur einerseits auf wissenschaftliche Forschung, andererseits auf traditionelle Weisheit stützt, steht sie hoffentlich kurz davor, jenen Methoden zum Durchbruch zu verhelfen, die täglich eine wirksame Anwendung der persönlichen Energien gewährleisten.

Der Zweck dieses Buches liegt darin, eine einheitliche Methode auszuarbeiten, die das alte mit unserem neuen wissenschaftlichen Verständnis vom persönlichen Energiemanagement (PEM) zusammenbringt. Raymond Long, Arzt und Yogalehrer, und ich, Psychologe und Seminarleiter, haben es gemeinsam verfasst, um die vielschichtigen, sich ergänzenden Aspekte unseres geistigen Hintergrunds – also Psychologie, Medizin, Bewusstseinsforschung, kulturelle Anthropologie und Yoga – miteinander zu verbinden.

Unsere Absicht zielt eindeutig darauf, eine zugleich umfassende und anwendbare Methode zu lehren, die Sie befähigt, Ihre Energiereserven unter Kontrolle zu bekommen und so zu verwalten, dass sie Ihnen wirklich nützlich sind. Auf diese Weise erhalten Sie auch eine prägnante Lektion über die sieben wesentlichen Energiezentren in Ihrem Körper – und darüber, wie diese zusammenwirken, um Ihre Bedürfnisse zu stillen und Ihre Träume zu verwirklichen.

Ihr Energieprofil

Selbst jetzt, da Sie diese Worte lesen, werden Sie von einem komplexen Energiesystem »angetrieben«, das eine wirklich Ehrfurcht gebietende Leistungsfähigkeit und Finesse besitzt. Der Einfachheit halber neigen wir dazu, die sieben Energiezentren voneinander zu trennen, aber wir sollten nie vergessen, dass sie sich ständig beeinflussen. Wenn nur eines von ihnen aus dem Gleichgewicht gerät, werden auch die anderen schwer in Mitleidenschaft gezogen. Die Darstellung auf Seite 13 zeigt, wo die Energiezentren – oder *Chakren,* wie sie üblicherweise genannt werden – in Ihrem Körper liegen.

Betrachten wir alle Energiezentren der Reihe nach, damit Sie eine direkte Beziehung zu ihnen herstellen können.

1. Aufgrund Ihrer lebenslangen Erfahrung wissen Sie, dass Sie im Bereich der Füße, der Beine und des Beckens das Gefühl haben, entweder fest auf der Erde zu stehen und mit Ihren Überlebensinstinkten eng verbunden zu sein – oder aber innerlich zu schwanken und unsicher durch die Welt zu gehen.

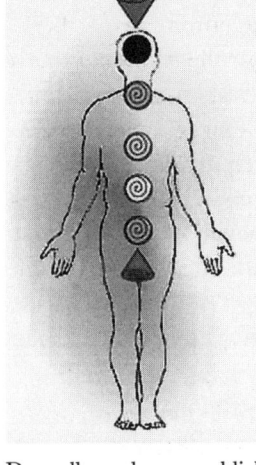

7. Geistige Erfahrung

6. Intuition / Kreativität

5. Denken / Kommunikation

4. Herz / Gefühl

3. Persönliche Kraft

2. Sexualität

1. Tiefes Verwurzeltsein

Darstellung des menschlichen Körpers und der Energiezentren

2. Gewiss (und hoffentlich auf angenehme Weise) sind Sie sich dessen bewusst, dass im Genitalbereich ein starkes Energiezentrum liegt, das sowohl Ihren Fortpflanzungstrieb als auch Ihre Bedürfnisse nach sexueller Vereinigung anregt.

3. Sicherlich haben Sie schon einmal jene Kraft empfunden, die in Bauch und Solarplexus verdichtet ist und Ihnen ermöglicht, zur Tat zu schreiten und damit die Sehnsucht Ihres Herzens zu stillen sowie Ihre geistigen Ziele zu erreichen.

4. Das vierte Energiezentrum im Herzen ist allgemein bekannt als der Sitz all Ihrer unterschiedlichen Gefühle; niemand zweifelt an der außergewöhnlichen, manchmal aber auch verwirrenden, einengenden oder schmerzlichen Kraft des Herzens.

5. Ein wenig höher, im Bereich der Kehle, der Zunge und der Lippen, nutzen Sie regelmäßig die Kraft des fünften

Energiezentrums, um Ihre Gefühle zum Ausdruck zu bringen und Ihre Ideen der Welt ringsum zu übermitteln.

6. In der noch weiter oben gelegenen Region des Gehirns sind Sie sich jenes intuitiven und kreativen Energiezentrums bewusst, das mit rätselhafter Macht aufblitzen kann, um Ihre Vorstellungen und Absichten von Grund auf zu ändern.

7. An der höchsten Stelle des Kopfes schließlich befindet sich das, was die Yogatradition als »Kronchakra« bezeichnet und von dem viele Menschen zumindest eine leise Ahnung haben – jenes geheimnisvolle geistige Energiezentrum des menschlichen Körpers, das die Verbindung zum transpersonalen Bewusstsein herstellt.

Ob Sie diese sieben Energiezentren gewohnheitsmäßig und automatisch oder aber mit zielgerichteter Absicht durchlaufen – in ihrem Zusammenspiel bedingen sie jederzeit den energetischen Zustand Ihrer Persönlichkeit. Außerdem geben sie Ihnen die Möglichkeit, in jedem neuen Augenblick des Lebens Ihrem Wesen Ausdruck zu verleihen und Ihre Träume zu verwirklichen. Ihr Energieprofil besteht demnach aus den unterschiedlichen Ladungen aller sieben Energiezentren. Es zeigt an, wer Sie sind – zumindest aufgrund Ihrer inneren Energieverhältnisse!

Sie kommen mit einer genetischen Veranlagung zur Welt, der zufolge jedes dieser Energiezentren stark, normal oder nur schwach aufgeladen ist. Das ist in Ihrem Leben eine gegebene Tatsache, die auf einer sehr wichtigen Ebene Ihre Persönlichkeit definiert.

⇨ Da Sie jedoch in einer bestimmten Familie, Kultur und Religion aufwachsen, wird der Energiezustand Ihrer Persönlichkeit durch emotionale Konditionierung sowie durch so-

ziale oder religiöse Überzeugungen und Einstellungen maßgeblich beeinflusst und oft auch eingeschränkt.

In diesem Programm, »persönliches Energiemanagement«
(PEM) genannt, werden wir Ihr gegenwärtiges Energieprofil
in Bezug auf jedes der sieben Energiezentren näher untersuchen und Ihnen beibringen, diese so zu beherrschen, dass sie
vollkommen harmonisch zusammenwirken, optimal aufgeladen werden und Ihren Forderungen oder Absichten Nach-
druck verleihen.

Auf der Suche nach einer umfassenderen Perspektive

Von den ersten belegten Kulturen an waren sich die Menschen der Existenz und der Bedeutung dieses aus sieben Zentren bestehenden Energiesystems bewusst. Lange vor den
Anfängen der modernen Wissenschaft gab es eine Vielzahl
ziemlich ausgefeilter Methoden, die auf dessen Steuerung
abzielten. Zum Beispiel besaßen die alten indischen Yogameister ein tiefes Wissen von der in allen Menschen vorhandenen Kraft, denn sie entwickelten und lehrten spezielle
Techniken, um diese entscheidend zu beeinflussen. Ähnliche
Methoden wurden auch in anderen traditionellen Kulturen
praktiziert, etwa bei den Tibetern, Chinesen, Ägyptern, Ha-
waiianern und Mayas. In deren geistigen und politischen Zir-
keln hatte man deutlich erkannt, dass die Kontrolle der persönlichen Energie äußerst wichtig war für die Gesundheit
und das Überleben der Gemeinschaft.

Leider ist es unserer Zivilisation – ungeachtet ihrer sonsti-
gen Errungenschaften – bisher nicht gelungen, ein eigenes

Programm in dieser Richtung auszuarbeiten. Wir bieten unseren Kindern kaum eine formale Unterweisung oder Einsicht in den inneren Prozess des persönlichen Energiemanagements; noch wissen wir als Erwachsene, wo nach Hilfe zu suchen wäre – es sei denn, wir drehen die Uhren zurück, vertiefen uns in alte Religionen und esoterische Methoden, die allerdings mit unseren wissenschaftlichen Erkenntnissen ebenso wenig übereinstimmen wie mit unseren oft anstrengenden Lebensformen.

⇨ In unserer Gesellschaft fühlen sich die meisten Menschen als Opfer ihrer Stimmungen und Energieschwankungen; deshalb neigen sie zur Abhängigkeit von Koffein, Alkohol und anderen Aufputsch- oder Beruhigungsmitteln, die ihre Energie auf unangenehme oder geradezu verheerende Weise vorübergehend steigern oder betäuben.

Das hat zur Folge, dass wir oft entweder unter Hochspannung und nicht geerdet am Arbeitsplatz erscheinen – oder erschöpft und teilnahmslos, jedenfalls ohne ausgeglichene Energieladung. Der finanzielle Verlust durch verringerte Produktivität und Kreativität, durch negative Stimmung und gescheiterte Kommunikation kann jedes Jahr auf mehrere Milliarden Dollar beziffert werden.

Der chronische Missbrauch unserer Kräfte resultiert auch in körperlichen Leiden – in Fettsucht, stressbedingter Diabetes und Herzkrankheit. Darüber hinaus leidet unser Familienleben genauso wie unser Sexualleben, wenn das innere Energiesystem aus dem Gleichgewicht gerät. Ohne praktischen Zugang zu einem täglichen Energiemanagement haben die meisten von uns keine Hoffnung auf eine ausgewogene und heitere Gemütsverfassung, ob in der Arbeit oder zu Hause.

⇨ Als Antwort auf dieses offensichtliche, weit verbreitete Bedürfnis haben wir das vorliegende populärwissenschaftliche Buch geschrieben; es erläutert jene speziellen Methoden zur Beherrschung des eigenen Energiehaushalts, die wir in gemeinsamen Trainingsprogrammen wie auch im persönlichen Bereich anwenden.

Wir meinen, dass jeder Mensch das Recht auf ein erfolgversprechendes und preisgünstiges Energiemanagement-Programm hat, das die alten Weisheiten der Weltkulturen mit den scharfsichtigen Erkenntnissen und Verfahren unserer wissenschaftlichen Gemeinschaft vereint. Um diese Lernerfahrung angenehm zu gestalten und zu beschleunigen, haben wir sichergestellt, dass unser Ansatz frei ist von unnötigen esoterischen Untertönen und wissenschaftlichem Ballast.

Nach jahrelanger Verfeinerung vermittelt diese Methode nun die elementaren Bestandteile des persönlichen Energiemanagements; sie ist darauf angelegt, sich Ihrem aufreibenden Lebensstil und hektischen Arbeitstag anzupassen. Ob Sie nur eine Minute inmitten eines geschäftlichen Problems zur Verfügung haben, fünf Minuten, um eine Pause einzulegen, oder zwanzig Minuten, um zu Hause die tägliche Übung zum Energiemanagement zu machen – Sie können jetzt lernen, für Ihr inneres Energiesystem die Verantwortung zu übernehmen und Ihre Kraft, Ihre Lebensfreude jede Minute zu steigern.

Wissenschaft plus Tradition

Wie bereits erwähnt, verbrachten in weit zurückliegenden Zeiten weise Menschen über Hunderte von Generationen ihr ganzes Leben damit, die Gesetze des persönlichen Energiehaushalts zu entdecken, indem sie sich auf die innere Wahrnehmung ihrer Energiezentren stützten. Unsere heutige, vom wissenschaftlichen Denken geprägte Gesellschaft ist weiterhin verblüfft über die Tiefe der Einsicht und des Verständnisses, die durch jene auf subjektiver Erfahrung beruhende Untersuchung unserer Energiezentren gewonnen wurden.

⇨ In den alten Traditionen war man sich aufgrund eines über lange Zeiträume erworbenen Erfahrungswissens von den menschlichen Energiezentren darüber einig, dass es tatsächlich sieben davon gibt, die vom Scheitel bis zum unteren Ende der Wirbelsäule und des Beckens reichen.

Yogameister konnten ihr Energieprofil durch mentale Techniken und bestimmte Sitzhaltungen stark verändern. Die sieben Energiezentren vollkommen zu beherrschen und deren innere Ladungen zu erhöhen wurde zu einem der obersten Ziele der gesamten Yogatradition.

Nach hinduistischer Terminologie nannte man diese sieben Zentren gewöhnlich *Chakren,* und noch heute wissen die meisten von uns etwas über diese Punkte der Kraft, weil sie vom alten Chakrensystem der Yogis gehört oder es näher erforscht haben. Auch der Durchschnittsmensch auf der Straße besitzt eine gewisse Kenntnis davon, zumeist aber im Zusammenhang mit religiösen und esoterischen Begriffsinhalten.

Viele Leute kommen darin überein, dass dem System der sieben Chakren eine gewisse Wahrheit innewohnt. Doch natürlich taucht dann sofort die wissenschaftliche Frage auf: Sind diese Energiezentren wirklich physische Phänomene, die auf der experimentellen Ebene nachgewiesen werden können? Oder sind sie nicht vielleicht eher subjektive psychische Ausdrucksformen, die zum physischen Körper keine direkte Verbindung haben? Oder muss man sie gar als bloße Fantasieprodukte einer okkulten Beschwörung auffassen – als rein psychische Erfahrungen, die durch esoterische Vorstellungen und kulturelle Überzeugungen hervorgerufen werden?

Im frühen Stadium unserer psychologischen und medizinischen Ausbildung stellten wir uns genau die gleichen Fragen. Als Wissenschaftler mit einer ausgeprägten Neugier im Hinblick auf die innere Erfahrung und das menschliche Energiesystem führten wir Experimente durch und drangen tief in die Praxis der Yogameditation ein. Und tatsächlich waren wir dann erstaunt über jene Erfahrungen, die uns durch die sogenannte *Kriya-Yoga*-Meditation zuteil wurden.

War die Kraft, die wir dabei empfanden, wirklich oder nur eingebildet? Und was war mit jenen sieben »hot spots« in der Wirbelsäule und im Gehirn, wo offenbar charakteristische Qualitäten der persönlichen Energie gefunden werden konnten? Was ließ sich über diese subjektive Erfahrung unserer eigenen Energiezentren vom Standpunkt der modernen Wissenschaft aus sagen?

Neurologische und kognitive Einsichten

Im Laufe der letzten Jahrzehnte kam die Forschung hinsichtlich der Beziehung zwischen Bewusstsein und Körper zu revolutionären Ergebnissen. Es wurden viele Entdeckungen gemacht, die dazu beitragen, die Frage nach den Energiezentren im Körper zu beantworten, und Aufschluss darüber geben, wie Bewusstsein, Körper und Gefühle zusammenwirken, um unseren jeweiligen energetischen Zustand zu erzeugen. So hat die kognitive Psychologie gezeigt, dass er durch negative Gedanken und Einstellungen stark beeinflusst, ja ernsthaft aus dem Gleichgewicht gebracht werden kann.

Aus neurologischer Perspektive ist die Tätigkeit unserer Kraftzentren nicht als ein isoliertes neurologisches und energetisches »Ereignis« irgendwo entlang der Wirbelsäule aufzufassen, sondern als ein einheitliches Gehirn-Wirbelsäule-Phänomen. Wir wissen jetzt, dass gerade die Wechselbeziehung zwischen den Nerveninformationen aus einem bestimmten Chakra (wir werden diesen Begriff synonym mit »Energiezentrum« gebrauchen) und wesentlichen neuralen Vorgängen im Gehirn die sensorische oder energetische Erfahrung mit dem betreffenden Kraftzentrum hervorruft.

In dem Maße, wie Chakren biochemische Entitäten sind, bestehen sie aus einem komplexen Nervensystem, das Ganglien in der Wirbelsäule, Nervenfasern zwischen dem jeweiligen Energiezentrum und dem Gehirn sowie ein ausgedehntes neurales Geflecht im Gehirn selbst einschließt. Magnetresonanztomografien (MRT) zeigen, dass während der Chakrenmeditation in vielen Teilen des Gehirns grundlegende energetische Änderungen stattfinden.

⇨ Wenn Sie die in diesem Buch dargestellte PEM-Methode immer besser beherrschen, also lernen, das Auf und Ab der Energie in den Chakren bewusst zu steuern, werden Sie feststellen, dass Ihr Körper spürbar darauf reagiert.

Wir bestärken Sie darin, Ihre innere Erfahrung genauso zu achten wie äußere wissenschaftliche Experimente. Wenn die PEM-Methode bei Ihnen funktioniert, werden Sie sie wahrscheinlich auch weiterhin anwenden wollen, statt ein oder zwei Jahrhunderte darauf zu warten, dass die Wissenschaft den endgültigen Beweis dafür liefert.

In diesem Sinne werden wir unser Augenmerk konsequent darauf richten, was in der Praxis zum Erfolg führt. Wo die alten Techniken zur Ausbalancierung der Chakrenenergie glaubwürdig erscheinen, genau einzuschätzen sind und die Wirksamkeit unserer Methode steigern, werden wir uns ihre Weisheit gewiss zunutze machen. Wo hingegen die wissenschaftliche Erkenntnis weiterhilft, werden wir uns insbesondere daran orientieren. Und wo die beiden Ansätze völlig übereinstimmen, werden wir unser Fundament errichten.

Bewusstsein ist Macht

Die PEM-Methode beruht hauptsächlich auf drei Aspekten – das heißt, sie bietet Ihnen drei unterschiedliche Handlungsweisen, mit denen Sie Ihr Energieprofil positiv beeinflussen können.

Der Aspekt Bewusstheit: Verbindet man zuallererst die reiche meditative Tradition des Hinduismus und Buddhismus mit den Erkenntnissen der modernen kognitiven Psychologie, ergibt sich daraus eine klare Richtlinie, wie Sie die Kraft des Bewusstseins einsetzen, um mit Ihren sieben Energiezentren in Einklang zu kommen und unmittelbar ein inneres Gleichgewicht herzustellen, das Ihnen neue Kraft gibt.

Der Aspekt Wahrnehmen/Erkennen: Wenn Sie die in der kognitiven Psychologie und »Third Wave«-Therapie entwickelten Techniken anwenden, können Sie allmählich in aktiver Weise Verantwortung übernehmen für Ihre Gedanken, tief verwurzelten Überzeugungen und Einstellungen, sodass ihre Inhalte der Gesundheit der Chakren nicht mehr schaden und deren Energiezustand vielmehr positiv beeinflussen.

Der Aspekt Ganzkörperbewegung: Im dritten Schritt unserer PEM-Methode können Sie bestimmte Bewegungen und Haltungen aus dem »systematischen Yoga« einüben, die – in Zusammenhang gebracht mit dem medizinischen Verständnis von neurologischen Reizen und hormonellem Gleichgewicht – fast sofort ziemlich bemerkenswerte Veränderungen in Ihrem gesamten Energiesystem hervorrufen.

Wir werden bei der Darlegung unserer Methode auf alle drei genannten Aspekte zurückgreifen. Behandeln wir zunächst den ersten Aspekt Bewusstheit, also die Fähigkeit des konzentrierten Denkens, Veränderungen innerhalb des eigenen Energiesystems direkt zu begünstigen.

Kürzlich wurde in einer umfassenden, an der Princeton University durchgeführten Untersuchung festgestellt, dass Einstein wohl recht hatte mit seiner Behauptung, die Zielsetzung des Versuchsleiters beeinflusse das Ergebnis des Versuchs. Damit wollte er ein für alle Mal beweisen, dass der menschliche Geist der ihn umgebenden körperlichen Welt sein Siegel aufdrückt.

⇒ Zur großen Überraschung der Wissenschaftler an der Princeton University erwies sich Einsteins These als richtig. Unsere Gedanken und Absichten besitzen die Macht, sowohl ein empfindliches Gerät als auch die Denkinhalte eines anderen Menschen zu beeinflussen.

Diese wichtige Forschungsarbeit wurde in den 80er- und frühen 90er-Jahren des letzten Jahrhunderts ergänzt durch das sogenannte Princeton Engineering Anomalies Research-Programm (siehe *http://www.princeton.edu/~pear/*). Das groß angelegte Projekt erbrachte den wissenschaftlichen Beweis für das, was immer mehr Therapeuten mittels der kognitiven Psychologie in ihrer Praxis beobachten – nämlich dass jene Gedanken, die Menschen durch den Kopf gehen, den Energiezustand ihres Körpers direkt beeinflussen.

Es zeigte sich, dass gerade depressive Personen ständig negativen und deprimierenden Gedanken nachhängen, weshalb sie sich dann abgestumpft, ausgelaugt und insgesamt völlig kraftlos fühlen. Desgleichen geben sich Patienten, die unter Angstzuständen leiden, fast dauernd angsterfüllten Gedanken und Vorstellungen hin, sodass emotionale und physiologische Reaktionen im Körper ausgelöst werden, die ihrerseits das Gefühl hervorrufen, entweder übermäßig »aufgeladen« oder aber wankelmütig und schwach zu sein.

Im Anschluss an das Ergebnis der Princeton-Studie, wonach die Absicht in unserem Kopf die körperliche Welt beeinflusst, lassen neuere Beobachtungen aus der kognitiven Therapie keinen Zweifel, dass Menschen die wesentliche Fähigkeit besitzen, das eigene Energieprofil zu beeinflussen, indem sie ihre gewöhnlichen Gedanken kontrollieren und modifizieren.

⇨ In diesem PEM-Programm haben wir Einsichten und Verfahren der kognitiven Therapie mit den äußerst wirksamen meditativen Techniken des Hinduismus und Buddhismus zu einer einheitlichen Methode verbunden, die Ihnen auf relativ einfache Weise ermöglicht, mithilfe des eigenen Bewusstseins tief reichende Aspekte Ihres Lebens umzugestalten.

Ein grundlegendes Gesetz der persönlichen Kraft (das am deutlichsten in der alten hawaiianischen Huna-Tradition zur Anwendung kommt) besagt: Die Energie fließt dorthin, wo die Aufmerksamkeit hingeht. Das heißt, Sie lenken Ihre Lebenskraft an jenen Punkt, dem Sie besondere Beachtung schenken. Wenn Sie zum Beispiel ängstlichen, sorgenvollen Gedanken und Vorstellungen nachhängen, wird diese Art der Konzentration einen negativen Energiezustand in Ihrem Körper hervorrufen. Wenn Sie dagegen Ihr Denken im Griff haben und die Aufmerksamkeit auf das Positive richten, wie Sie es in diesem Buch lernen, können Sie Ihren Energiezustand gezielt verbessern.

Im Besonderen werden Sie lernen, Ihre Aufmerksamkeit möglichst jeden Tag nacheinander auf die sieben Energiezentren zu richten, und zwar mit einer bestimmten Absicht, die jedes dieser Zentren günstig beeinflusst. Bald werden Sie feststellen, dass allein schon durch die regelmäßige liebevolle Besinnung auf das Herz gerade dieses Energiezentrum stark reagiert, indem es eine stärkere Aktivität entfaltet und sich mit wohltuenden Gefühlen auflädt.

▷ Wenn Sie jedoch einen ganzen Tag verbringen, ohne die Aufmerksamkeit je auf Ihr Herz zu richten, so haben Sie ihn lediglich damit verbracht, ein herzloser Mensch zu sein.

Dadurch erkennen Sie, welch bedeutsame Wahl Sie bezüglich der Ausrichtung Ihrer geistigen Kraft in jedem neuen Augenblick treffen können. Tatsächlich lechzen alle sieben Chakren förmlich danach, von Ihnen beachtet zu werden. Ihre Entscheidung besteht darin, ihnen diese Beachtung zu schenken – in einer Weise, die ihnen zustattenkommt.

Auf der Suche nach Gleichgewicht

Die sieben Energiezentren im Körper sowie das wahrhaft komplexe Nervensystem des Bewusstseins wirken so eng zusammen, dass die Wissenschaft bislang einfach nicht versteht, wie ein allgemeiner Zustand des Gleichgewichts oder der Stabilität im Innersten unseres energetischen Wesens aufrechtzuerhalten wäre. Wie um alles in der Welt soll man ein so geheimnisvolles inneres System gezielt beeinflussen? Und: Warum stimmen äußerst achtsame Therapeuten und geistige Lehrmeister darin überein, dass man in den Energiezentren positive Veränderungen herbeiführen kann, indem man einfach nur das strahlende Licht des Bewusstseins darauf richtet?

Vielleicht wissen Sie bereits, dass Ihr Körper fortwährend daran arbeitet, die *Homöostase* (das biochemische Gleichgewicht) aufrechtzuerhalten, damit jeder Teil Ihres Körpers in optimalem Zustand bleibt und seine Vitalfunktionen ausübt. Dieses unbewusste natürliche Streben nach Stabilität ist eine der bemerkenswertesten Eigenschaften des physischen Körpers – und genau das ist der springende Punkt. Auch Ihr

energetischer Körper strebt nämlich danach, das innere
Gleichgewicht oder die energetische Homöostase zu bewahren – vorausgesetzt, Sie wirken dem nicht entgegen und lassen ihn seine natürliche Tätigkeit verrichten.

⇨ *Energetische Homöostase* ist hier unser wichtigster Fachaus-
druck. Ihr natürlicher Energiezustand zielt darauf ab, das gesunde Gleichgewicht und den Fluss der Lebenskraft zwischen den sieben Energiezentren zu gewährleisten. Diese
organische Balance und natürliche Verbindung zu unterstützen und entscheidend zu verbessern ist das Anliegen unseres
PEM-Programms.

Wie zuvor schon erwähnt, haben die alten Yogameister als
Erste entdeckt, dass unser Denken durch die Erzeugung von
chronischem Stress, Angst usw. dazu neigt, das energetische
Gleichgewicht zu zerstören. Aber die gute Nachricht lautet:
Wir können lernen, unsere Vorsätze in die entgegengesetzte
Richtung zu lenken und zur energetischen Homöostase beizutragen. Einfacher ausgedrückt: Wir können uns die Gewohnheit zu eigen machen, die Gedanken kurzfristig neu
auszurichten, und dadurch unser Energiesystem in ausgesprochen positiver Weise beeinflussen.

Wenn Sie in die wissenschaftliche Diskussion über den
Prozess der Homöostase tiefer eindringen möchten, so wenden Sie sich bitte an *www.selbyvideo.com/german*. Doch ebenso
wie Sie nicht genau wissen müssen, wie der Motor Ihres
Autos funktioniert, um es zu fahren, brauchen Sie auch nicht
alle Hintergründe der PEM-Methode zu kennen, um sie anzuwenden. Sie sollten lediglich dieses Buch lesen, den darin
geschilderten inneren Prozess beherrschen und dann von der
Methode Gebrauch machen. Bald werden Sie feststellen,

dass die richtige Steuerung der persönlichen Energie Ihr Leben unmittelbar bereichern kann.

Die Technik der »Konzentrationsformeln«

Wir werden Ihnen nicht nur zeigen, wie Sie Ihre Aufmerksamkeit benutzen, um im gesamten Chakrensystem die energetische Homöostase herbeizuführen, sondern auch, wie Sie bestimmte Hilfsmittel der kognitiven und der »Third Wave«-Therapie anwenden, um Ihre geistigen Inhalte so auszurichten, dass die Energiezentren dadurch positiv beeinflusst werden.

Das ist eine wirklich aufregende und zugleich relativ leicht zu bewältigende Arbeit. Durch den Einsatz eines neuen kognitiven Hilfsmittels, der sogenannten »Konzentrationsformel« (focus phrase), werden Sie schon innerhalb der ersten Tage des Trainings eine wohltuende Veränderung Ihres Energieniveaus bemerken. Und da Ihre Gefühle und Stimmungswechsel direkt verbunden sind mit Ihren üblichen Gedanken und dem daraus resultierenden Energiezustand, werden Sie außerdem feststellen, dass unerwünschte Stimmungswechsel immer öfter ausbleiben.

Die meisten Menschen fühlen sich durch scheinbar zufällige Stimmungswechsel, die in Langeweile, Angst, Depression, Feindseligkeit, Verwirrung, Sehnsucht, Teilnahmslosigkeit, Unruhe usw. münden, stark beeinträchtigt. Nur allzu oft sehen wir uns als Opfer unserer negativen Stimmungen, ohne zu wissen, wie wir ihnen begegnen könnten.

⟹ Darin liegt das Problem: Ihr launisches Verhalten geht größtenteils auf ein chronisches Ungleichgewicht im inneren

Energiesystem zurück, das zwangsläufig eine Reihe von emotionalen Störungen verursacht.

Die kognitive Psychologie hat gezeigt, dass unsere Stimmungswechsel fast immer durch unterbewusste Gedanken hervorgerufen werden, die ihrerseits aus einem beträchtlichen energetischen Ungleichgewicht resultieren. Wenn zum Beispiel das Sexualzentrum regelmäßig überbeansprucht wird, entsteht dadurch ein ständiger Fluss von Gedanken und Vorstellungen, die wiederum solche Gefühle wie Verlangen oder Lust auslösen, was dann zu einem Verhalten führt, das Sie später oft bereuen. In der gleichen Weise bewirkt eine chronisch niedrige positive Energieladung im Herzchakra launische Gefühle wie Kummer, Hoffnungslosigkeit, Einsamkeit usw.

In den folgenden Kapiteln werden wir bei der Untersuchung jedes Energiezentrums eingehender erörtern, wie die Stimmungen zu beherrschen sind, nämlich indem Sie bestimmte »Konzentrationsformeln« und Übungen zur Schulung der Aufmerksamkeit lernen, um die Kraft in den nur schwach aufgeladenen Chakren zu erhöhen und in den übermäßig aufgeladenen Chakren zu mindern.

Bewegung und Artikulation

Der dritte Ansatz der PEM-Methode zieht vollen Nutzen aus der Tatsache, dass Ganzkörperbewegung und konzentrierte Artikulation sofortige Veränderungen Ihres Energiezustands bewirken können. Sowohl die alte Yogatradition als auch die einschlägige Forschung betonen die Wichtigkeit kurzer Bewegungen und Artikulationen, die Sie mehrmals täglich ausführen, um die kognitiven Bereiche unseres Programms zu unterstützen.

⟹ Vor allem werden Sie eine bemerkenswerte Ganzkörperbewegung lernen, welche die energetische Ladung in Ihrem gesamten Chakrensystem sofort erhöhen soll. In dieser Ganzkörperbewegung begegnen sich viele spirituelle Traditionen und wissenschaftliche Einsichten, zumal die der Medizin.

Zusätzlich zu der primären Ganzkörperbewegung enthält unser Programm noch einen abschließenden Aspekt. In den meisten traditionellen Gesellschaften waren besondere Artikulationen und rituelle Gesänge stets wichtige Methoden, eine genauso schnelle wie dauerhafte Veränderung im eigenen Energiesystem und Bewusstseinszustand zu bewirken. Jedem der Chakren ist ein spezifischer Laut zugeordnet, der über Jahrtausende artikuliert wurde mit dem Zweck, die Aufmerksamkeit auf das jeweilige Kraftzentrum zu richten und es neu aufzuladen. In dem Maße, wie Sie dazu bereit sind, werden wir diese Artikulation in Ihre tägliche PEM-Praxis mit aufnehmen.

Energie, Ernährung und Fitness

Natürlich beeinflussen die Gewohnheiten der täglichen Ernährung und Bewegung Ihre Gesamtladung an persönlicher Kraft wie auch deren Qualität. Glücklicherweise bietet unsere Kultur fast ständig Informationen und praktische Methoden zur gesunden Ernährung und körperlichen Ertüchtigung. Folglich brauchen wir das PEM-Programm nicht mit diesbezüglichen Diskussionen zu überfrachten.

Eher halten wir hier von Anfang an fest, dass Sie sich weder völlig gesund ernähren noch täglich übermäßig viel Sport treiben müssen, um die PEM-Methode in Ihrem Leben erfolgreich anzuwenden.

⟹ Wenn Sie übergewichtig sind und Mühe haben, sich zur Körperertüchtigung zu motivieren, regelmäßig Drogen nehmen oder unter Schlafstörungen leiden, sodass Ihre Energie in hohem Maße aufgezehrt wird, empfehlen wir Ihnen nachdrücklich, neben der PEM-Methode auch entsprechende Experten zurate zu ziehen.

Im zweiten Teil des Buches werden wir Ihnen weitere Einblicke in die Themen Ernährung und Körperertüchtigung geben. Doch wenn Sie übergewichtig sind, von Junkfood leben, zu viel Kaffee und Alkohol trinken und nicht jeden Tag etwas für die körperliche Fitness tun, dann bemühen Sie sich bitte schon zu Beginn der Lektüre um eine professionelle Behandlung.

Die systematische Arbeit am PEM-Programm wird gewiss Ihren natürlichen Wunsch wecken, sich richtig zu ernähren und den Körper angemessen in Form zu halten. Außerdem bieten wir spezielle Onlineprogramme an, die Ihnen eine große Hilfe sein werden. Aber im Grunde müssen Sie selbst entscheiden, ob Sie zusätzlichen Beistand von außen benötigen, um Ihrer unguten Essgewohnheiten und mangelnden Bewegung Herr zu werden.

Es ist ein Vergnügen

Am Ende dieser Einleitung möchten wir darauf hinweisen, dass unsere eigentliche Absicht darin besteht, Ihnen ein besseres Körpergefühl zu vermitteln. Wenn Ihre Energiezentren ausgeglichen sind, fühlen Sie sich in Ihrer Haut einfach sehr wohl. Und wenn Sie sich innerlich sehr wohl fühlen, wird wahrscheinlich auch in Ihrem äußeren Leben alles reibungslos laufen.

Sie kennen das großartige Gefühl, mit schwungvollem Schritt, strahlendem Lächeln und jenem so kostbaren kreativen Summen im Kopf zur Arbeit zu gehen. Genau dieser besonderen Eigenschaft des Bewusstseins und körperlichen Energie sind wir hier auf der Spur.

Lassen Sie uns also von vornherein dafür sorgen, dass Sie in jedem Moment Freude empfinden, während Sie die Methode einüben und anwenden. Seien Sie versichert, dass die Entscheidung, sich des eigenen Körpers und Energiesystems bewusster zu werden, die Aufmerksamkeit in eine Richtung zu lenken, die Ihre Kräfte ausgleicht, miteinander verbindet und steigert, immer wohltuend ist.

Darüber hinaus werden Sie merken, dass Sie dieses Programm, wenn Sie es genießen, zu einem festen Bestandteil Ihres Lebens machen möchten; deshalb ist der damit verbundene erzieherische Aspekt auf ein Minimum beschränkt. Sie tun nur wenig, erfreuen sich an dem, was Sie getan haben, und tun dann ein bisschen mehr. Ehe Sie sichs versehen, ist Ihnen die Methode zur zweiten Natur geworden.

Wenn Sie darangehen, das Buch zu lesen und die PEM-Methode einzuüben, sollten Sie sich unbedingt gestatten, jeden Schritt des Lernprozesses auszukosten – und zwar ab jetzt!

Der Lernprozess

Dieses Handbuch ist in erster Linie ein Trainingsprogramm. Wir beleuchten nicht nur Ihren allgemeinen Energiezustand, sondern bringen Ihnen auch praktische Methoden bei, damit Sie Ihre persönliche Kraft jederzeit beherrschen und selbstständig steuern können. Demnach ist es dazu bestimmt, Ihren Lernprozess optimal zu gestalten.

Es behandelt in erster Linie Ihr aus sieben Zentren zusammengesetztes Energiesystem und zeigt auf, wie Sie dieses am besten verstehen und beherrschen können. Um sicherzustellen, dass das betreffende Chakra vollständig untersucht wird, finden Sie dazu in jedem Kapitel des ersten Teils folgende vier Abschnitte:

- Allgemeiner Überblick
- Die alte Weisheit
- Psychologische Einsichten
- Lernen durch Tun

Im zweiten Teil werden Sie die spezifischen Schritte des PEM-Programms lernen, um Ihre persönliche Kraft aktiv zu verwalten. Hierfür werden Ihnen zwei »Zeitformate« angeboten: ein kurzes, das Sie während der Arbeit oder unterwegs benutzen können, und ein längeres, falls Sie mehr Zeit damit verbringen möchten, das innere Energiesystem neu aufzuladen. Zur Abrundung werden Sie schließlich mit einem vollen Tagesprogramm vertraut gemacht, das sämtliche Energien umfasst und miteinander verbindet – die mentalen und emotionalen ebenso wie Bewegung und Meditation. So werden Sie sich Ihres Energiepotenzials noch mehr bewusst.

Das wesentliche Ziel dieses Buches und Online-Trainingsprogramms besteht darin, dass Sie tief im Innern ein unerschütterliches Gefühl von Ganzheit und Gleichgewicht empfinden. Es gibt keinen Grund, sich die meiste Zeit über nicht munter, gut gelaunt, beflügelt und wunderbar zu fühlen. Das von uns vorgeschlagene Energiemanagement ist eine sichere Methode, solche Lebensfreude und Erfüllung zu gewährleisten.

Training und Unterstützung
via Internet

Das vorliegende Buch bietet all das, was Sie brauchen, um den PEM-Prozess zu meistern. Doch viele Menschen sind der Meinung, dass sie gehörte Unterweisungen leichter aufnehmen als gelesene, und zu diesem Zweck haben wir unter *www.selbyvideo.com/german* zusätzlich ein vollständiges Benutzerprogramm mit solchen auditiven Anleitungen eingerichtet.

Sie können ihnen entweder Schritt für Schritt zu Hause folgen oder sämtliche Audio-Trainingsprogramme herunterladen und daran arbeiten, wenn Sie gerade unterwegs sind oder während der beruflichen Tätigkeit Ihre Stimmung wenigstens kurzzeitig heben möchten. Außerdem schätzen Sie vielleicht die CD-Versionen, die Sie überall benutzen können, um die Programme allmählich zu beherrschen und zu verinnerlichen.

Unsere Absicht ist stets darauf gerichtet, Ihnen im Lernprozess jede mögliche Unterstützung zukommen zu lassen und dies im Laufe der Monate und Jahre auch weiterhin zu tun, sodass das bewusste Energiemanagement zu einem lebenslangen, von Freude erfüllten Prozess wird.

ERSTER TEIL

Sieben Entscheidungen,
die Ihren Energiezustand optimieren

· ·

1. Tiefer verwurzelt sein

ALLGEMEINER ÜBERBLICK

In diesem Eingangskapitel werden wir unsere Aufmerksamkeit auf das richten, was üblicherweise »erstes Chakra« oder »Wurzelchakra« genannt wird. Nach neuerer psychologischer Terminologie bezeichnet man dieses primäre Kraftzentrum des Körpers als Sitz der Überlebensenergie oder des menschlichen Gefühls, fest verankert zu sein. Physiologisch betrachtet, liegt es am unteren Ende der Wirbelsäule und reicht durch die Beine und Füße bis in die Erde.

In jedem Energiemanagement-Programm müssen wir bei unserem ursprünglichen Verwurzeltsein in der eigenen irdischen Natur und unserer Verbindung mit der Erde beginnen. Tagtäglich sind wir Zeuge der wirklich traurigen Situation, dass Millionen von Menschen geschäftig durchs Leben hetzen – mit einer hohen Energieladung im Kopf, erfüllt von großartigen Ideen, aber ohne Zugang zu ihrer tief verwurzelten Kraft, die für die Verwirklichung ihrer Träume notwendig ist.

Ebenso tragen viele Menschen allerlei romantische Sehnsüchte im Herzen, ermangeln jedoch der inneren Energie, Liebe in ihr Leben zu ziehen. Und wie Sie wissen, gibt es am Arbeitsplatz immer zehn Gefolgsleute, die zwar prahlerisch daherreden, aber nicht handeln können, wohingegen Führungspersonen, die sich ihre zentrierte, charismatische Kraft zunutze machen, auch große Leistungen vollbringen.

Wir sind tatsächlich Geschöpfe dieses Planeten, und wenn wir uns nicht regelmäßig darauf besinnen, in dessen organi-

scher Lebensquelle verankert zu sein, fühlen wir uns abgetrennt von der irdischen Kraft, die uns ermöglicht, als ver-
körperte, von der Erde selbst genährte »Energiebündel« zu
überdauern.

Das ist keine überspannte esoterische Vorstellung, sondern
ein wissenschaftliches Faktum, denn die Erde stellt ein gigantisches kreisendes elektromagnetisches Feld dar, das ein enor-
mes Energiepotenzial in sich birgt. Im Vergleich dazu ist der
menschliche Körper ein winziges elektromagnetisches Feld,
eingebettet in das der Erde und stark davon beeinflusst.

⇨ Die Schwerkraft ist eine mächtige Energie, die ständig
auf jedes System, jede Zelle in Ihrem Körper einwirkt. Sie
sind ein Wesen, das von den natürlichen Kräften dieses Planeten umschlossen und unterstützt wird.

Wer dies anerkennt, mit den tiefen Kräften der Erde in Kontakt kommt und sich dadurch als einen Körper erfährt, der
auf sanfte Weise in seiner Umgebung gehalten wird, festigt
gerade jene energiegeladenen Wurzeln, die das Fundament
all der übrigen inneren Kraftquellen bilden.

Durch die Entscheidung, Ihre Aufmerksamkeit immer
wieder von den Gedanken im Kopf und Gefühlen im Herzen hinab auf Becken, Beine und Füße zu richten, können
Sie die Gegenwart und Kraft Ihres gesamten Körpers spüren. Zahlreiche Menschen haben jedoch Angst davor, das
Gefühl von größerer Stärke deutlich zu empfinden, und bringen sich fast nie in Einklang mit ihrem in der Erde veranker-
ten Unterkörper sowie der zwischen beiden fließenden Energie.

Die erste Möglichkeit, Kraft zu schöpfen

An dieser Stelle bietet sich die erste Möglichkeit, neue Energie zu gewinnen, die Sie benötigen, um fest auf dem Boden zu stehen, die Aufmerksamkeit stets auf Ihre planetarische Kraftquelle zu richten, dadurch das eigene Überleben zu sichern und als starker, vertrauenswürdiger Teilnehmer am irdischen Leben Erfolg zu haben.

Wie gelingt Ihnen das? Indem Sie wenigstens einmal am Tag etwas Zeit erübrigen, um Ihre geistige Kraft bewusst ans untere Ende der Wirbelsäule, in Beine und Füße zu lenken, wo Sie auf ganz natürliche Weise Ihre erdverbundene Energie fühlen. Aufgrund der Maßnahme, Ihre allmächtige Aufmerksamkeit ausschließlich auf diese Energiequelle zu richten, werden Sie nicht nur die elektromagnetische Kraft durch Ihr Inneres fließen spüren, sondern auch die Empfindung einer im ganzen Körper wirksamen Kraft wahrnehmen und verstärken. So wecken Sie das Gefühl von Verwurzeltsein und Ganzheit, auf dem Ihre anderen Energiezentren aufbauen.

Indem Sie sich einfach voll auf das erste Chakra Ihres Körpers konzentrieren, lernen Sie allmählich einzuschätzen, ob dieser Bereich zu schwach, zu stark oder richtig aufgeladen ist. Außerdem stellen Sie durch unmittelbare Erfahrung fest, dass Ihr Organismus die natürliche Neigung hat, das optimale Energieniveau herzustellen – ein Vorgang, der in der Einleitung mit dem Ausdruck »energetische Homöostase« umschrieben wurde.

Um Ihnen zu helfen, die Aufmerksamkeit sofort und wirksam in diese entscheidende Richtung zu lenken, bringen wir Ihnen jetzt die erste energetische Konzentrationsformel (focus phrase) bei.

⇨ Konzentrationsformeln sind scheinbar einfache, evoka-
tive Aussagen, die eine bemerkenswerte assoziative Kraft
beinhalten, um Ihr Bewusstsein mit den inneren Energiezentren zu verbinden und dort den natürlichen Prozess des Aus-
gleichens und Aufladens in Gang zu bringen.

Die Konzentrationsformel für diese erste Energiequelle lautet: »Ich fühle mich in Becken, Beinen und Füßen fest verwurzelt.« Wenn Sie diesen Satz in einer ebenso entspannten
wie bewussten Gemütsverfassung aussprechen, empfinden
Sie sofort die emotionale Qualität Ihrer inneren Energie, die
aus dem Energiefeld der Erde kommt, und zugleich alle Feinheiten jenes Systems.

Beachten Sie bitte, dass derlei Konzentrationsformeln
nicht mit den üblichen Affirmationen verwechselt werden
dürfen, denn im Gegensatz zu diesen spiegeln sie Ihr wahres
psychisches Potenzial wider. Konzentrationsformeln bringen
eine reale Absicht zum Ausdruck und lenken Ihre Aufmerksamkeit in positive Richtungen. Jedes Mal, wenn Sie eine
solche artikulieren, wird Ihnen deutlich, dass Sie sich unver-
züglich in jene Richtung bewegen, die von der Konzentrationsformel empfohlen wird.

Der Überblick über das erste Energiezentrum und den
Prozess der Verwurzelung lässt sich in folgenden vier Punkten zusammenfassen:

- *Erste Möglichkeit, Kraft zu schöpfen:* Erheben Sie
  Anspruch auf Ihre innere Energie.
- *Ziel:* Festigen Sie Ihr energetisches Fundament.
- *Schlüsselwort:* »Überleben«
- *Konzentrationsformel:* »Ich fühle mich in Becken,
  Beinen und Füßen fest verwurzelt.«

DIE ALTE WEISHEIT

Die Annäherung an das erste Energiezentrum kann sich als schwierige Herausforderung erweisen. In unserer Kultur sind viele Menschen deshalb nicht im Wurzelchakra verankert, weil sie sich allzu sehr auf das geschäftige Treiben im Kopf fixieren. Zum Glück bietet uns die Yogatradition Indiens ein reichhaltiges Erbe, um dieses Kraftzentrum zu verstehen und ihm näherzukommen. Bedienen wir uns also dieser alten Weisheit, um einige wertvolle Einsichten zu gewinnen.

Das Sanskrit, in dem alle wesentlichen Yogatexte verfasst sind, umschreibt dieses erste Energiezentrum von jeher mit dem Ausdruck *muladhara*, der grob übersetzt »Baumwurzel« bedeutet. Und in der Tat scheint unser Körper – neurologisch betrachtet – Wurzeln zu haben, die vom Beckenbereich durch die Beine bis in die Füße reichen. Dieses neurologische Wurzelwerk ist das größte peripherische Nervensystem in unserem Körper – fast so dick wie der Daumen, wenn es vom Sakralplexus unten am Becken ausstrahlt und sich wie ein gewaltiges Wurzelwerk entlang den Beinen immer weiter verzweigt, bis zu den Zehenspitzen und den äußersten Enden der Fersen.

Doch nur allzu oft wurde das Wurzelchakra als das unbedeutendste Energiezentrum betrachtet, weil es mit unseren instinktiven tierischen Ursprüngen verbunden ist. In diesem Buch möchten wir dieser Auffassung widersprechen, denn wenn Sie nicht entsprechend »geerdet« sind, werden Ihre sogenannten höheren Chakren immer im Ungleichgewicht sein.

Nach hinduistischer Tradition galten das erste Chakra unten im Becken und das siebte Chakra oben am Kopf stets als zusammengehörig, insofern als sie einander ausgleichen.

Ähnlich wird in der christlichen Lehre der Ausspruch Jesu überliefert: »Die Ersten werden die Letzten sein, und die Letzten werden die Ersten sein.« Aus der Perspektive der Meditation bedeutet dies, dass es hinsichtlich unserer Energiezentren keine Hierarchie zwischen Oben und Unten geben sollte. Schließlich sichert das feste Verwurzeltsein in den instinktiven tierischen Bedürfnissen und Wünschen das eigene Überleben, wodurch dann auch die höher gelegenen Energiezentren mit der nötigen Kraft versorgt werden.

Halten wir an dieser Stelle einen Moment inne, um zu untersuchen, wie Sie sich in Bezug auf Ihr Wurzelchakra fühlen. Lenken Sie Ihre Aufmerksamkeit immer wieder auf den Bereich des Beckens, der Beine und Füße? Würden Sie sagen, dass Sie in Ihrem Überlebenszentrum gewöhnlich fest verankert sind?

Experimentieren Sie ein wenig, indem Sie sich die Konzentrationsformel zum Wurzelchakra vorsprechen. Sagen Sie sich beim nächsten Ausatmen: »Ich fühle mich in Becken, Beinen und Füßen fest verwurzelt.« Stellen Sie dann beim Einatmen fest, wie es sich anfühlt, die Aufmerksamkeit bewusst auf diesen unteren Teil des Körpers zu richten.

Machen Sie eine Pause und vergegenwärtigen
Sie sich Ihre Empfindungen.

Energiekanäle

In der Yogatradition stellte man sich jedes der Chakren als eine Lotosblüte vor, wobei jede davon eine unterschiedliche Anzahl von Blütenblättern aufwies. Die alten Hindus waren sich des menschlichen Nervensystems sehr wohl bewusst. Sie nannten die Nerven *nadis*, und dieser Begriff entspricht mit einem hohen Grad an anatomischer Genauigkeit unserem heutigen medizinischen Verständnis von den Ganglien.

➯ Die Lotosblüte des ersten Chakras hat üblicherweise vier Blütenblätter; ebenso sind es hauptsächlich vier Nervenstränge, die im Beckenbereich vom Rückenmark ausgehen und von dort nach unten in die Beine und Füße laufen.

Oft halten wir die alten Gesellschaften für ziemlich primitiv hinsichtlich ihrer Kenntnisse vom physischen Körper, tatsächlich aber wussten sowohl Hindus als auch Chinesen nicht nur über die Nerven Bescheid, sondern auch über das verzweigte System der Energiekanäle, die unseren gesamten Organismus durchziehen. Die moderne Medizin beginnt erst langsam jene ursprüngliche Heilkunst namens Akupunktur, die gewiss den bislang tiefsten Einblick in den subtilen Energiefluss des Körpers gewährt, zu verstehen und zu akzeptieren.

Wenn traditionelle Kunstwerke eine unerweckte Person mit vier nach unten hängenden Lotosblättern im Wurzelchakra darstellen, so geben sie zu erkennen, dass die Energie abwärts fließt und an diesem Punkt des Systems erschöpft ist. Dagegen wird eine Person auf dem Weg des Yoga, die ihr Energiesystem zu beherrschen lernt, mit nach oben gerichteten Blütenblättern gezeigt, was eine positive Energieladung andeutet, die vom ersten Chakra durch den Körper aufwärts zu den anderen Chakren fließt. Genau das wollen wir in Ihrem eigenen Energiesystem bewirken.

⇒ Sie können sich vorzustellen beginnen, wie die vierblättrige Lotosblüte Ihres ersten Chakras allmählich höher wandert, während Sie bewusst gestatten, dass eine beträchtliche Ladung irdischer Energie durch Füße, Beine und Becken immer weiter nach oben in den übrigen Körper fließt.

Besonders wenn Sie zu jenen vielen Menschen in unserer Gesellschaft zählen, die sich in Becken, Beinen und Füßen gewöhnlich labil und kraftlos fühlen, sollten Sie häufig Ihre Konzentrationsfähigkeit einsetzen, um den Energiefluss durch diesen Körperteil zu verstärken. An einer späteren Stelle dieses Kapitels – und gewiss umso gründlicher im zweiten Teil des Buches – werden wir Ihnen die speziellen Techniken beibringen, die Sie dafür benötigen.

Kraftvolle Laute

Wir kommen jetzt zu einem der wichtigsten, wenn auch am häufigsten missverstandenen und missachteten Prozesse des persönlichen Energiemanagements. Auf der ganzen Welt gab es in den alten, der Meditation verpflichteten Kulturen immer die deutlich ausgeprägte Tradition, mithilfe von Lauten eine Veränderung im physischen Körper hervorzurufen. Damals sprach man von »Gesängen«, wenn bestimmte Worte, Sätze oder Beschwörungsformeln viele Male wiederholt wurden und so ihre weitreichende Wirkung entfalteten.

Wir haben jenen Brauch, die Artikulation zu benutzen

und dadurch eine persönliche Absicht auszudrücken, größtenteils verloren. Die meisten von uns sind sogar stark gehemmt, wenn es darum geht, ein Lied zu singen, geschweige denn, die Stimmkraft für eine Veränderung im eigenen Organismus einzusetzen. Da aber der Umgang mit der Stimme im Energiemanagement derart wichtig und wirkungsvoll ist, würden wir Sie gerne sanft dazu auffordern, diese Dimension unseres Programms näher zu erforschen.

In der gesamten östlichen Meditationspraxis werden von jeher mit den sieben Chakren spezielle Laute in Verbindung gebracht. Ob an der Südspitze Malaysias, im nördlichen China, im tibetanischen Hochland oder im indischen Flachland – jeder der dortigen Bewohner benutzt die gleichen Laute und Gesänge, um sich auf das erste Energiezentrum zu konzentrieren, es zu aktivieren und auszubalancieren. Zwar wechselt die Aussprache von Region zu Region, doch der grundlegende Laut beginnt stets mit dem Buchstaben »L« und endet auf »am« oder »ang«, woraus sich die gesprochene Silbe »Lam« oder »Lang« ergibt.

In diesem Programm werden wir den Laut »Lam« verwenden, um Ihre Aufmerksamkeit auf das erste Chakra im Beckenbereich zu lenken. Keine Sorge – wir erwarten von Ihnen nicht, dieses »Lammmmm« an der Haltestelle oder während der Mittagspause mit erhobener Stimme vorzusingen. Doch wenn Sie allein sind, werden wir Sie bitten, mit einem offenen Geist zu experimentieren und die Silbe im Rahmen des Energiemanagements sehr leise auszusprechen. Warum Sie etwas derart Ungewöhnliches tun sollen? Einfach deshalb, weil dies für fast jeden Teilnehmer ein ebenso angenehmer wie bedeutsamer Aspekt des Programms ist.

Die moderne Wissenschaft beginnt gerade erst zu verstehen, weshalb die Artikulation gewisser Laute eine solche

Kraft besitzt, Veränderungen im körperlichen Energiesystem herbeizuführen. In der kognitiven Psychologie weiß man immerhin Folgendes: Wenn jemand seine Absicht stimmlich – und sei es unhörbar – zum Ausdruck bringt, schwingt sein ganzes Energiesystem mit dieser Absicht auf einer viel höheren, erfolgversprechenderen Ebene als im bloßen Schweigen. Selbst wenn Sie sich Ihre Absicht nur innerlich vorsagen – so wie wir es auch mit den Konzentrationsformeln dieses Programms tun –, haben derartige Wörter wesentlich mehr Kraft als die gedachten.

Vertrauen Sie uns bitte in diesem Punkt, zumal am Anfang der gemeinsamen Arbeit. Es gibt eine bestimmte Stufe, auf der es klug ist, den alten Kulturen Glauben zu schenken. Wir fordern Sie nicht auf, irgendeine Auffassung unkritisch zu übernehmen, sondern die lautliche Dimension des PEM-Programms am eigenen Leib zu erfahren und zu untersuchen.

⇨ Ungeachtet Ihrer experimentierfreudigen Einstellung haben Sie nach der bisherigen Lektüre vielleicht das Bedürfnis, ein wenig innezuhalten. Sagen Sie sich beim Ausatmen leise die Silbe »L…ah…mmmm« vor. Beginnen Sie, sprechend oder singend, Ihre Aufmerksamkeit tief nach unten auf Ihr erstes Energiezentrum, auf Becken, Beine und Füße zu richten …

Machen Sie eine Pause und vergegenwärtigen
Sie sich Ihre Empfindungen.

PSYCHOLOGISCHE EINSICHTEN

In der traditionellen Psychologie wurde das eher verborgene Thema des persönlichen Energiemanagements aus verschiedenen Gründen nur selten behandelt. Gewiss hat Sigmund Freud dem zweiten Chakra, also dem Sexualzentrum, besondere Aufmerksamkeit gewidmet; doch selbst an dieser Stelle arbeitete er weitaus häufiger auf den theoretischen und analytischen als auf den energetischen Ebenen der Psychologie.

C. G. Jung wiederum, einer seiner wichtigsten Schüler, verwandte viel Zeit darauf, die geistigen Traditionen des Ostens zu untersuchen und psychologische Erkenntnisse aus der hinduistischen Kultur in die aufkommende westliche Psychologie mit einzubringen. Aber auch ihm gelang es nicht, ein spezifisches Energiemanagement-Programm zu entwerfen.

Erst aufgrund der bahnbrechenden Forschungen des außergewöhnlichen Mediziners und Psychoanalytikers Wilhelm Reich, eines abtrünnigen Schülers von Sigmund Freud, fingen einige seiner Kollegen an, hinter die Psyche zu blicken und auf die eigentlichen energetischen Funktionen des physischen und emotionalen Körpers zu achten. Nach seiner Flucht aus Nazideutschland, die ihn in mehrere Länder trieb, wurde Reich nach dem Zweiten Weltkrieg vor allem wegen seiner mikrobiologischen Experimente, mithin wegen seiner radikalen Theorien über die energetische Aufladung und Entladung – zumal im sexuellen Bereich, aber auch bezüglich der körperlichen und gefühlsmäßigen Verwurzelung im ersten Kraftzentrum –, in den USA mit gerichtlichen Verboten belegt. Die angeordnete Verbrennung seiner Schriften fand dann tatsächlich statt, nachdem er 1957 im Gefängnis gestorben war.

⇨ Als erster westlicher Mediziner und Psychoanalytiker, der die Vorstellung popularisierte, dass wir hauptsächlich energetische Wesen sind, legte Reich das Fundament für seine Schüler, nun eine ausgereifte therapeutische Methode zum persönlichen Energiemanagement zu entwickeln.

Eines der erfolgreichsten Verfahren in dieser Richtung stammte von Reichs Schüler Alexander Lowen, der dafür den Begriff »Bioenergetik« prägte. In den 60er- und 70er-Jahren des letzten Jahrhunderts bewiesen Lowen und seine Nachfolger die direkte Beziehung zwischen der stärksten energetischen Aufladung/Entladung im Körper und dem allgemeinen physischen, emotionalen und sexuellen Gesundheitszustand. Wie die meisten therapeutischen Ansätze erfreute sich auch die Bioenergetik etwa 20 Jahre lang großer Beliebtheit, verschwand dann aber zusehends aus dem Licht der Öffentlichkeit.

Unsere hier erläuterten Techniken zum Energiemanagement beruhen zu einem großen Teil auf Reichs und Lowens frühen Arbeiten. Beide erkannten auf ihrem Gebiet, was wir alle durch das bloße Leben im eigenen Körper wissen, nämlich dass es Zeiten oder Situationen gibt, in denen wir in unserem primären Energiezentrum fest verwurzelt sind und uns damit verbunden fühlen, und dann wieder solche, in denen wir schwanken und von unserer physischen Gegenwart nicht weniger abgetrennt sind als von der Welt ringsum.

Oft hören wir Kommentare wie »Ich bin heute einfach überhaupt nicht geerdet« oder Urteile wie »Er gehört zu denen, die total verkopft und überhaupt nicht in ihrem Körper verwurzelt sind«. Anscheinend besteht eine direkte Beziehung zwischen der gewohnheitsmäßigen Fixierung auf rein intellektuelle Aktivitäten und dem gewohnheitsmäßigen Verlust des Kontakts zu den unteren Bereichen des physischen Körpers sowie der physischen Welt im Allgemeinen.

Kognitive Kraft

In jenen 60er- und 70er-Jahren tauchte eine weitere wichtige Strömung auf, die kognitive Psychologie. Dieser therapeutische Ansatz zielte nicht auf den Körper und seine energetische Ladung ab, sondern auf den ständigen Gedankenfluss, der sich durch das Bewusstsein bewegt, seinerseits emotionale, hormonelle, energetische Wirkungen im Körper hervorruft und darüber hinaus das Verhalten beeinflusst.

In den letzten Jahrzehnten hat sich gezeigt, dass die kognitive Psychologie tatsächlich die bislang effektivste therapeutische Methode darstellt. Heute dehnt diese vorherrschende Disziplin insofern ihr Tätigkeitsfeld aus, als sie die alte buddhistische Vorstellung der »Bewusstheit« oder »Achtsamkeit« mit einbezieht, wodurch sie noch mehr an Zugkraft gewinnt. Der Psychiater und Psychotherapeut Aaron Beck, der als Erster die sogenannte »kognitive Verhaltenstherapie« entwickelte, bewies schließlich auf wissenschaftlichem Wege, was die Yogatradition Indiens schon Tausende von Jahren vorher dank innerer Erfahrung festgestellt hatte: dass unsere Stimmungen und Energieladungen, ja alle Aspekte unserer psychischen Gesundheit durch die eigenen Gedanken stark beeinflusst werden.

Wir alle spüren und wissen, dass der ständige innere Monolog, mit dem wir jede neue Erfahrung kommentieren, einschätzen und beurteilen, unser Bewusstsein völlig zu dominieren trachtet. Hierin liegt einer der Hauptgründe dafür, dass wir den Kontakt zu den übrigen Energiezentren verlieren. Wir sind zu sehr mit unseren Gedanken, Vorstellungen, Planungen und Sorgen beschäftigt, um den anderen sechs Chakren genügend Beachtung zu schenken. Das ist das gegenwärtige menschliche Dilemma, aus dem die wesentlichen Probleme mit der inneren Energie resultieren.

Aber was in aller Welt können wir tun, um unseren Geist zu beruhigen und selbst zu bestimmen, worauf wir unsere Aufmerksamkeit richten? Die Antwort ergibt sich aus der Kombination von alter Weisheit und heutiger Forschung und Einsicht. Kurz gefasst lautet sie folgendermaßen: Wenn Sie das dauernde Gerede im Kopf abstellen und sich besser um Ihr ganzkörperliches Energiesystem kümmern wollen, so müssen Sie Ihrem Bewusstsein regelmäßig neue, wirksamere, lohnendere Gedanken und Sätze einprägen.

Um dieses wichtige Ziel zu erreichen, haben wir unsere Methode der wirksamen Konzentrationsformeln entwickelt, durch die wir Ihnen beibringen werden, das übliche Dröhnen im Kopf konsequent zu dämpfen und die Konzentration wieder auf Ihre sechs anderen Energiezentren zu lenken. Natürlich werden Sie einige Wochen Übung brauchen, um zu lernen, wie Sie aus dieser Methode vollen Nutzen ziehen. Also entspannen Sie sich bitte während der Lektüre dieses Buches, genießen Sie die Erfahrung und vertrauen Sie darauf, dass wir den Lernprozess in einer Weise gestaltet haben, die Ihnen ermöglicht, jene fast magische Kraft der Konzentrationsformeln im Rahmen des PEM-Programms mühelos zu entdecken und anzuwenden.

Schreiten Sie zur Tat

Im Hinblick auf das Wurzelchakra wollen wir nun untersuchen, welche praktischen Schritte Sie unternehmen können, um Ihr Denken in den Griff zu bekommen und dadurch den inneren Energiezustand zu verbessern.

1. Ihre Energie fließt an jenen Punkt, auf den Sie Ihre Aufmerksamkeit lenken. Gerade wenn Sie allzu oft fixiert sind auf Ihre Gedanken und Vorstellungen, sollten Sie unbedingt lernen, Ihre ganze Konzentration sehr schnell und immer wieder davon zu lösen und direkt auf die Stelle des ersten Chakras zu richten – auf Becken, Beine und Füße.

Sobald Sie dies tun, wird die Verbindung zwischen Bewusstsein und unterem Körperbereich nachdrücklich hergestellt und gefestigt. Der energetische Effekt ist etwa so, als würden Sie einen Stecker in die Steckdose stecken; mehrere Ebenen der Kommunikation, der Wechselbeziehung und der Energiegewinnung werden aktiviert. Das heißt, Geist und Körper sind wieder miteinander in Kontakt.

Probieren Sie das jetzt selbst einmal aus. Richten Sie noch während der Lektüre einen Teil Ihrer Aufmerksamkeit auf das Becken und das untere Ende der Wirbelsäule ... Bewegen Sie das Becken ein wenig, um dort mehr Bewusstheit und ein Gefühl von Lebenskraft einfließen zu lassen. Gestatten Sie Ihrer Bewusstheit, sich auch auf den Bereich der Oberschenkel, Knie, Waden, Knöchel und Füße auszudehnen. Machen Sie sich klar, dass die Füße fest mit dem Boden verbunden sind; empfinden Sie die energetische Gegenwart Ihrer unteren Körperhälfte und lassen

Sie noch mehr positive Gefühle und Energien in dieses erste Chakra strömen.

2. Nun wollen wir die Wirkung unserer Konzentrationsformel-Technik näher untersuchen; verwenden Sie bestimmte, sorgfältig ausgewählte Worte, die Ihre Aufmerksamkeit sofort auf jene Erfahrung lenken, die Sie gerne machen möchten.

Sprechen Sie sich die Konzentrationsformel vor: »Ich fühle mich in Becken … Beinen … und Füßen fest verwurzelt.« Beachten Sie, dass »fühlen« das aktive Verb dieses Satzes ist und dass die ausgedrückte Absicht darin besteht, sich fest verwurzelt zu fühlen. So wird mittels der assoziativen Kraft Ihre Aufmerksamkeit ganz natürlich auf den gewünschten Zustand gelenkt, nämlich darauf, dass Sie sich im unteren Körperbereich völlig sicher und standfest fühlen. Und da Sie genau benennen, wo dieses Gefühl spürbar werden soll, indem Sie die entsprechenden Körperstellen einzeln hervorheben, sodass Ihre Aufmerksamkeit zuerst ins Becken, dann in die Beine und schließlich in die Füße geleitet wird, gilt nun: Die Konzentrationsformel übt tatsächlich eine große Macht aus, um diesen Prozess zu bewerkstelligen.

Unternehmen Sie einen zweiten Versuch und wiederholen Sie: »Ich fühle mich in Becken … Beinen … und Füßen fest verwurzelt.« Unterstützen Sie diese Erfahrung auf aktive Weise, indem Sie sich derlei vorsagen. Nutzen Sie die Kraft des gesprochenen Wortes, um Ihre Absicht zu bekunden, und richten Sie die Aufmerksamkeit immer wieder auf jenen Punkt, wo Sie ihrer bedürfen.

3. Sobald die Verbindung zwischen Bewusstsein und Körper hergestellt ist, können Sie weitere Techniken aus der Psychologie und dem Yoga erlernen, um dieses erste Energiezentrum neu aufzuladen und es in das gesamte System der sieben Chakren zu integrieren. Darauf werden wir ein wenig später zurückkommen.

In der Psychologie gibt es weitaus kompliziertere und zeitaufwendigere Methoden als die unsere, um im Grunde die gleiche Wirkung zu erzielen. Aber wie in vielen anderen Bereichen ist der kürzeste Lösungsweg gewöhnlich auch der beste. Bei einem Selbsthilfeprogramm wie diesem ist die Einfachheit und Klarheit der Methode eine entscheidende Voraussetzung für deren Erfolg.

Überleben des Tüchtigsten

Das erste Energiezentrum wird psychologisch vor allem mit unserem instinktiven animalischen Trieb assoziiert, auf diesem Planeten körperlich zu überleben. Keines der höher gelegenen Energiezentren hat auch nur den geringsten Wert, wenn die Funktion des Wurzelchakras gestört ist und wir unser Überleben nicht sichern können. Demzufolge ist es wichtig, die Aufmerksamkeit immer zunächst auf jenen unteren Körperbereich zu richten und sich mit einem angemessen aufgeladenen Überlebensinstinkt in der Erde zu verankern. Gewiss kennen Sie aus eigener Erfahrung das wunderbare Gefühl, gleichsam eine Feder in den Knien zu haben und mit schwungvollen Schritten durch die Welt zu gehen. Schon diese erste Stufe im PEM-Programm optimiert demnach Ihre so notwendige Überlebensenergie.

Leider entwickeln viele Menschen während der Kindheit und Jugend negative Einstellungen hinsichtlich dieser Dimension ihrer Persönlichkeit. Was den inneren Energiefluss betrifft, scheint tatsächlich fast jedes Mitglied unserer Gesellschaft schwerwiegende Hemmungen und Blockaden mit sich herumzutragen. Besonders Mädchen werden aus verschiedenen kulturellen und religiösen Gründen oft darauf »programmiert«, die Kraft in ihrem ersten Chakra zu unterdrücken. Und auch die Knaben sind mit charakteristischen Energiestaus konfrontiert, zumal wenn es darum geht, die niederen mit den höheren Energiezentren zu verbinden. Bei ihnen macht sich ebenfalls eine kulturelle Konditionierung bemerkbar, die darauf hinausläuft, die im Herzen zentrierte Aktivität abzublocken und lahmzulegen.

Ab dem ersten Tag in der Vorschule werden wir alle dazu angehalten, die Aufmerksamkeit hauptsächlich auf die oberen Chakren zu richten, insbesondere auf das fünfte Chakra des Denkens sowie der Kommunikation, und uns von der ursprünglichen Überlebenskraft tief unten im eigenen Energiesystem zu lösen. Das hat zur Folge, dass die meisten von uns als Erwachsene mit halber Kraft durchs Leben gehen – oder, schlimmer noch, lediglich auf ihr Überleben bedacht sind.

Bioenergetische und kognitive Therapie können sehr hilfreich dabei sein, solche weit verbreiteten Blockaden gegenüber dem Wurzelchakra zu durchbrechen. Doch die meisten Menschen brauchen nicht mehr als dieses einfache PEM-Programm, um das erste Energiezentrum zu aktivieren und auszubalancieren.

Wie fühlen Sie sich diesbezüglich? Handeln Sie gewöhnlich mit einem hohen Maß an ursprünglicher Energie, die tief unten in Ihrem Körper verdichtet ist? Oder sind Sie im Becken wie in den Beinen häufig träge und kraftlos?

Erübrigen Sie jetzt ein paar Augenblicke, um über Ihre Erziehung nachzudenken. Wurden Sie damals ermutigt, im ganzen Körper voller Energie, durch und durch robust zu sein, Ihre Lebensfreude zum Ausdruck zu bringen? Oder wurden Sie – vielleicht auf sehr hintergründige Weise – dazu erzogen, den Fluss ursprünglicher Lebenskraft abzublocken und auf einem niedrigen Energieniveau zu operieren?

Machen Sie eine Pause, um über Ihre
Vergangenheit nachzusinnen.

LERNEN DURCH TUN

Im Hinblick auf Ihre tatsächliche Beherrschung der PEM-Methode sind diese in jedes Kapitel eingefügten Abschnitte »Lernen durch Tun« natürlich die wichtigsten Teile des ganzen Buches. Es ist zwar sehr ratsam, Informationen zu sammeln und ein solides begriffliches Verständnis des Energiemanagements zu entwickeln, aber um eine entscheidende Verbesserung des eigenen Energiezustands zu spüren, bedarf es der unmittelbaren Erfahrung – sowie ihrer regelmäßigen Auffrischung durch tägliche Übung.

⇨ Die gute Nachricht lautet, dass dieser der persönlichen Erfahrung gewidmete Teil des Programms äußerst wohltuend ist. Schließlich zielt es darauf ab, die positive Erfahrung in und mit Ihrem Körper spürbar zu verstärken.

So werden wir Ihnen auf dem Weg zur Beherrschung des Programms bei jedem Schritt nützliche Vorschläge unterbreiten, wie Sie Ihre Konzentrationsfähigkeit einsetzen sollten, um sich fast sofort besser zu fühlen. Diese Übungen sind bei jedem Energiezentrum in drei Kategorien unterteilt: 1. Bewusstseinsübungen; 2. Kognitive Übungen; 3. Bewegungs-, Haltungs- und Gesangsübungen.

Der richtige Umgang mit Atmung und Sauerstoff

Im Weiteren werden wir uns immer wieder damit beschäftigen, dass eine der ursprünglichen Energiequellen Ihres Körpers durch die Atmung gespeist wird. Wenn Sie aufhören zu atmen, haben Sie keinen Zugang mehr zu Ihrer lebenswichtigen Sauerstoff-Kraftquelle, woraufhin Ihr Energieniveau vom Normalzustand in Richtung null absinkt. Der Akt des Atmens, durch den Sie dem Blutkreislauf Sauerstoff zuführen und den gesamten Organismus in Gang halten, ist natürlich das allererste Mittel, dessen Funktionstüchtigkeit zu gewährleisten.

Wenn der Vorrat an Sauerstoff in jedem Moment über Ihr Energieniveau entscheidet, wird dieses durch Ihre übliche Atmung offensichtlich stark beeinflusst. Deshalb ist es von vornherein wichtig, sich ihrer bewusst zu werden und damit anzufangen, sie in positiver Weise zu ändern. Zum Glück gilt auch hier das in der Einleitung behandelte Grundprinzip der Homöostase: Allein indem Sie auf Ihre Atmung achten, merken Sie, dass diese sich sogleich beruhigt und vertieft – und dass es Ihnen mit jedem neuen Atemzug ohne die geringste Manipulation schon besser geht.

Die alten Hindus und Buddhisten waren vollkommene Meister, wenn es darum ging, die Atmung bewusst wahrzunehmen und deren Rhythmus zu verändern. In den letzten 30 Jahren hat auch die moderne Wissenschaft auf diesem Gebiet große Fortschritte erzielt – vor allem hinsichtlich der physiologischen Mechanismen und der subtileren psychologischen Aspekte der Atmung. Unsere Aufgabe in diesem Buch und PEM-Programm ist es, einige dieser äußerst komplexen Untersuchungen und Verfahrensweisen aufzugreifen und in verdichteter Form darzustellen, die Sie leicht bewältigen können.

⇨ Obwohl das Yoga zahlreiche Techniken kennt, die Atmung bewusst zu beeinflussen und so eine Veränderung im inneren Energiesystem hervorzurufen, ziehen wir es im Rahmen der PEM-Methode meistens vor, andere Wege zu beschreiten.

Wir haben festgestellt, dass man die Gewohnheiten bei der Atmung am wirksamsten ändert, indem man sich mit ihr in Einklang bringt und sie dadurch befreit. Aufgrund der energetischen Homöostase weiß Ihr biologisches System bereits, wie es die Atmung entsprechend Ihren jeweiligen energetischen Bedürfnissen optimal gestaltet. Wenn Sie die Atmung durch volle Aufmerksamkeit auf Ihre Empfindung in Nase, Brust und Bauch befreien, wird der natürliche Heilungsmechanismus des Körpers sofort aktiviert. Erforschen wir diesen Vorgang in der ersten nachfolgenden Übung.

○ *Bewusstseinsübungen: Konzentration auf den Atem*

Beginnen Sie noch während der Lektüre ohne jede Anstrengung, Ihre Aufmerksamkeit auf jene unmittelbare Empfindung zu richten, die von der durch die Nase ein- und ausströmenden Luft hervorgerufen wird … Nehmen Sie diese ebenso einzigartige wie ständig wechselnde Empfindung intensiv wahr.

Achten Sie außerdem darauf, dass Ihre Atmung während des Ein- und Ausatmens ganz natürliche Bewegungen in Brust und Bauch erzeugt …

(Sobald Sie der Empfindung der durch die Nase ein- und ausströmenden Luft sowie der dabei stattfindenden Bewegungen in Brust und Bauch gewahr werden, erfährt auch Ihr Bewusstsein eine wichtige Änderung – es lässt ständig wiederkehrende Gedanken los und konzentriert sich darauf, was im gegenwärtigen Augenblick geschieht.)

Erkennen und spüren Sie, dass Sie sich nun stärker auf diesen Augenblick besinnen, während Sie weiterhin der Luft folgen, die durch die Nase ein- und ausströmt, sowie der mühelosen Bewegungen in Brust und Bauch während des Einatmens … Atmen Sie dann aus … und atmen Sie wieder ein …

Machen Sie eine Pause und vergegenwärtigen
Sie sich Ihre Empfindungen.

Diese einfache, aus zwei Schritten bestehende Übung zur Konzentration auf die Atmung ist die schnellste und wirksamste Art, die wir bislang entdeckt haben, unser PEM-Programm zu beginnen. Zuerst müssen Sie immer Ihr rastloses, auf äußere Dinge gerichtetes Denken beruhigen, um dann den eigenen Energiezustand zu beachten und mittels innerer Bewegungen zu verbessern. So ermuntern wir Sie, daraus eine Gewohnheit zu machen.

Am leichtesten lernen Sie diese Methode, sich auf die eigene Atmung zu besinnen, durch die Anwendung von Konzentrationsformeln, die Ihre Absicht sofort verstärken, und indem Sie die Aufmerksamkeit auf das gewünschte Ziel richten. Es folgen jene beiden Konzentrationsformeln, welche die Bewusstwerdung der Atmung wie auch des gegenwärtigen Augenblicks fördern.

Sagen Sie sich die erste Konzentrationsformel beim Ausatmen vor und kommen Sie innerlich zur Ruhe, während Sie die Wirkung dieser Formel deutlich empfinden. Sprechen Sie dann die zweite Konzentrationsformel und nehmen Sie wahr, wie sich Ihr Bewusstsein erweitert, um auch den Vorgang des Ein- und Ausatmens sowie die Körperteile Kopf und Rumpf mit einzubeziehen.

1. Konzentrationsformel: »Ich spüre, wie die Luft durch meine Nase ein- und ausströmt.«

Halten Sie kurz inne …

2. Konzentrationsformel: »Außerdem spüre ich die Bewegungen in meiner Brust und meinem Bauch, während ich atme.«

Probieren Sie das jetzt selbst einmal aus – und fangen Sie an, sich die beiden Konzentrationsformeln einzuprägen … damit Sie sie regelmäßig anwenden und die fast sofort eintretende Entspannung und Vertiefung Ihrer Atmung erfahren können … eben indem Sie einfach nur die Aufmerksamkeit darauf richten.

Machen Sie eine Pause und vergegenwärtigen Sie sich Ihre Empfindungen.

Die Konzentration auf das erste Chakra

Wir werden Ihnen in jedem Kapitel dabei helfen, die Atmung immer besser zu beherrschen. Obwohl Sie noch im Begriff sind, diesen ersten Aspekt des persönlichen Energiemanagements zu erfassen, wollen wir Sie doch auch über die formale Methode unterrichten, die Aufmerksamkeit in Richtung Wurzelchakra zu lenken.

⇨ Die tiefe magische Kraft des PEM-Programms wird dann aktiviert, wenn Sie sich Ihrer Atmung und zugleich des jeweiligen inneren Energiezentrums vollauf bewusst sind.

Wie wir in den wissenschaftlichen Abschnitten Schritt für Schritt ausführen werden, gibt es viele neue Erklärungen dafür, warum dieses erweiterte Bewusstsein eine so starke Wirkung ausübt. Doch selbst wenn Sie mit dem wissenschaftlichen Hintergrund nicht vertraut sind, können Sie die Kraft der Methode schon jetzt voll nutzen.

○ *Kognitive Übungen: Konzentration auf die innere Energie*

Fassen wir die bisherigen Lektionen zusammen und fügen eine kognitive Konzentrationsformel hinzu, um die Aufmerksamkeit auf das erste Chakra zu richten.

Sagen Sie sich zunächst: »Ich spüre, wie die Luft durch meine Nase ein- und ausströmt.« Atmen Sie in diese Empfindung hinein … und sprechen Sie dann die Worte: »Außerdem spüre ich die Bewegungen in meiner Brust und meinem Becken, während ich atme.«

Um jetzt die erste Konzentrationsformel für das Wurzel-chakra mit einzubringen, können Sie zu sich sagen: »Ich fühle mich in Becken, Beinen und Füßen fest verwurzelt.«

Gestatten Sie, der eigenen Atmung weiterhin bewusst, dass diese Konzentrationsformel Ihr Bewusstsein auf das untere Ende der Wirbelsäule, auf Becken, Beine und Füße aus-dehnt ...

Achten Sie darauf, wie Sie sich in Ihrem Wurzelchakra füh-len, während Ihre Konzentration nach wie vor auf die At-mung gerichtet ist. Beurteilen Sie nicht die Empfindung, die in Ihnen aufsteigt; nehmen Sie sie einfach nur wahr und las-sen Sie zu, dass die höhere Intelligenz und tiefere Weisheit Ihres Körpers die notwendigen Änderungen im Energiezu-stand dieses Bereichs herbeiführen.

Machen Sie eine Pause und vergegenwärtigen
Sie sich Ihre bisherigen Erfahrungen.

Bewusstsein ist Macht, und konzentriertes Bewusstsein ist an-gewandte Macht. Das PEM-Programm ist deshalb so verblüf-fend, weil Sie positive Veränderungen im eigenen Energiesys-tem bewirken, indem Sie nichts anderes tun, als sich dessen bewusster zu werden. Im Laufe der nächsten Tage und Wo-chen werden Sie diesen inneren Prozess selbst erfahren.

⇨ Die Vorstellung, dass Bewusstheit an sich eine Macht dar-stellt, die unser Leben positiv verändert, ist in unserem west-lichen Kulturkreis immer noch ziemlich neu. Doch in den al-ten geistigen Traditionen gehört sie zum wesentlichen Wissen.

Der besondere Reiz der Geschichtsepoche, die wir gerade durchleben, besteht darin, dass wir an einem Punkt angelangt sind, wo Wissenschaft und Geist miteinander in Einklang gebracht werden können.

Kluge zeitgenössische Gelehrte haben erkannt, dass wir einen großen Teil der intuitiven Weisheit opfern mussten, um experimentelle Methode und wissenschaftliche Weltsicht durchzusetzen. Mögen wir nun auf die umfassende Weisheit der meditativen Traditionen zurückgreifen, um die bemerkenswerten Einsichten der Wissenschaft noch weiter zu vertiefen.

Es ist jetzt an der Zeit, den dritten Aspekt des Prozesses im Energiesystem zu thematisieren – mit der Aufforderung, eine spezielle Ganzkörperbewegung zu lernen, verbunden mit einem Gesang zum ersten Chakra, den Sie schon ein wenig kennen. Außerdem bringen wir Ihnen die Wurzelchakra-Haltung bei.

O *Bewegungs-, Gesangs- und Haltungsübungen*
   zum ersten Chakra

Kommen wir gleich zur Sache, um die ursprüngliche Ganzkörperbewegung einzuüben, die Sie im gesamten PEM-Programm ausführen werden. Im Laufe der Jahre haben wir zahlreiche Bewegungen ausprobiert, die helfen, im Innern das energetische Gleichgewicht herzustellen. Die PEM-Bewegung, die Sie lernen werden, ist eine Synthese all dieser Bewegungen – und erfüllt auf anmutige Art und Weise vielerlei Zwecke.

Sie ist sowohl sehr einfach als auch höchst komplex. Zunächst sollten Sie den Grundrhythmus der Bewegung einstudieren; während Sie diese dann in den nächsten Tagen und

Wochen regelmäßig wiederholen, werden Sie allmählich ganz von selbst ihre Feinheiten entdecken. Für einen ganzen »Durchlauf« führen Sie diese PEM-Bewegung sieben Mal hintereinander aus, jeweils beim Einatmen, und singen, jeweils beim Ausatmen, einen der sieben Chakralaute – zum Beispiel bei der ersten Bewegung und dem ersten Ausatmen den Laut »Lammmm«, so wie Sie es im Hinblick auf das erste Chakra bereits gelernt haben.

In diesem Kapitel werden wir über den ersten Schritt der Sieben-Schritte-Bewegung samt Gesang nicht hinausgehen, denn hier wollen wir uns nur auf die Grundlagen konzentrieren. In späteren Kapiteln aber, wenn wir die anderen sechs Energiezentren behandeln, wird unser Bewegungs-/Gesangsprogramm nach und nach vervollständigt.

Da es um eine Ganzkörperbewegung geht, brauchen Sie natürlich ein wenig Platz – genug, um die Arme zu beiden Seiten des Körpers auf und ab zu bewegen. Sie führen eine einfache Bewegung mit Armen und Händen aus, während Sie den Oberkörper nach vorn beugen, um ihn dann wieder aufzurichten.

1 Stehen Sie mit herabhängenden Armen ruhig da.

2 Heben Sie die Arme, Hände nah beieinander und Ellbogen nach vorn gestreckt.

3 Strecken Sie sich mit erhobenen Armen so weit wie möglich in die Höhe, Wirbelsäule aufrecht und Knie durchgedrückt.

4 Atmen Sie durch den Mund aus, die Arme zur Hälfte gesenkt und zu beiden Seiten weggestreckt, Handflächen nach oben, Wirbelsäule und Knie halb gebeugt.

5 Wirbelsäule und Knie ganz gebeugt; in dieser Haltung des tiefen Ausatmens hängen Kopf und Arme nach unten.

6 Richten Sie sich zur Hälfte wieder auf, Hände nah beieinander und nach unten hängend; atmen Sie ein und kehren Sie langsam in die aufrechte Position zurück.

Energetische Ganzkörperbewegung des PEM-Programms

Bei dieser Bewegung durchlaufen Sie folgende Phasen:

1. Stehen Sie zunächst mit leicht gespreizten Beinen und herabhängenden Armen da; während Sie durch die Nase voll ausatmen, beugen Sie die Knie ein wenig und spannen die Bauchmuskeln an …

2. Wenn Sie nun ruhig durch die Nase einatmen, führen Sie die Hände nah aneinander, die Handflächen nach unten, und heben dann langsam Arme und Hände …

3. Mit gerader Wirbelsäule, die Arme hoch über dem Kopf, ist Ihr Körper so weit wie möglich gestreckt und Ihr Blick geht nach oben; halten Sie die Luft beim Einatmen kurz an, um diese volle Streckung zu genießen …

4. Beim langsamen Ausatmen durch den Mund fangen Sie an, »Lam« zu singen, während sich Arme und Hände nach unten und nach außen bewegen, mit nach oben zeigenden Handflächen; beugen Sie dann schrittweise Rücken und Knie, derweil die Arme in einer anmutigen Bewegung an die Körperseiten sinken …

5. Beugen Sie sich immer weiter nach unten, bis Sie keine Luft mehr haben und still werden … bis Kopf und Arme frei über dem Boden hängen … und die Lungen völlig leer sind …

6. Richten Sie sich, durch die Nase einatmend, Arme und Hände nah beieinander, allmählich wieder auf … Drücken Sie Kreuz und Knie durch … bis Sie sich schließlich in die Höhe recken und den Blick nach oben richten, während Sie die Lungen ganz mit Luft anfüllen, um dann auf dem Weg nach unten erneut auszuatmen, »Lam« singend … Wiederholen Sie diesen Ablauf einige Male.

*Machen Sie eine Pause und vergegenwärtigen
Sie sich Ihre Empfindungen.*

2. Die sexuelle Energie ausgleichen

ALLGEMEINER ÜBERBLICK

Die ständige Erneuerung der sexuellen Kraft ist gewiss eines der wirkungsvollsten energetischen Geschehnisse in Ihrem Körper, das reichhaltiges Vergnügen bietet und das höchste schöpferische Potenzial erzeugt. Leider kann diese Energie oft auch Verwirrung stiften, auslaugen, unterdrückt werden oder ein übermächtiges, quälendes Verlangen hervorrufen. Doch richtig beherrscht, wird sie möglicherweise jeden Aspekt Ihres Lebens – das Vergnügen mit eingeschlossen – positiv verändern, eben weil das zweite Chakra alle anderen Chakren stark beeinflusst.

Wie das erste Energiezentrum untersuchen wir auch das zweite als ein isoliertes Phänomen, um seine spezifischen Eigenschaften besser zu verstehen. Dabei dürfen wir aber nicht vergessen, dass keines der sieben Energiezentren für sich besteht. Durch äußerst vielschichtige und ständig variierende energetische Wechselwirkungen sind sie allesamt voneinander abhängig.

Es gibt eine klare Logik hinsichtlich dessen, welches Chakra in diesem Prozess an »erster« Stelle steht und wie jedes »höhere« Kraftzentrum aus den »tieferen« hervorgeht und darauf aufbaut. Ihre sexuelle Energie beispielsweise bedarf der Grundlage der im ersten Chakra verdichteten Energie mit den ihr eigenen Überlebensinstinkten sowie ihrer Verbundenheit mit der Erde. Und das Sexualchakra kommt deshalb direkt nach dem Wurzelchakra, weil Ihre Fortpflanzungsinstinkte – wie die Überlebensinstinkte – für den Organismus notwendig sind. Alle Lebewesen auf diesem Planeten besitzen diese beiden primären Energiezentren, ob sie die sogenannten »höheren« Zentren des Mitgefühls, der verbalen Kommunikation, der kognitiven Einsicht und geistigen Bewusstheit aufweisen oder nicht.

⇨ Alles irdische Leben gründet im Drang nach physischem Überleben und nach Fortpflanzung. Das sind die beiden Fundamente sämtlicher Spezies, auf denen sie gedeihen – und zugleich die beiden Energiezentren, die auch unsere menschliche Existenz bedingen.

Natürlich brauchen Sie keinen Experten in biologischer Energetik, der Ihnen sagt, wo die sexuelle Energie im Körper lokalisiert ist – eben hauptsächlich im Genitalbereich, direkt über dem Wurzelchakra. Das Sexualzentrum besitzt die Kraft, neues Leben auf der Erde zu erzeugen; mit deren Lebenskraft verbunden, ist es letztlich ein Ausdruck der höchsten schöpferischen Kraft, die in Ihrem physischen und energetischen Körper eine individuelle Form annimmt.

Diese schöpferische Kraft regt nicht nur den Geschlechtstrieb an, sondern fördert auch all Ihre gestalterischen Bemühungen um höher gesteckte Ziele. Wenn die beiden ersten Energiequellen aktiv sind und bewusst ins Gleichgewicht gebracht werden, verfügen Sie über eine solide Grundlage, die jede Ihrer Tätigkeiten trägt. Doch leider ist es in unserer Gesellschaft infolge der verschiedenen sexuellen Tabus, der Konditionierungen und extremen Belastungen durch die Medien oft so, dass viele Menschen sich in diesem zweiten Energiezentrum unausgeglichen fühlen; sie blockieren entweder ihre gesunde sexuelle Energie oder stimulieren sich derart, dass diese dauernd zu stark aufgeladen wird. Deshalb ist es klug, das Niveau der eigenen sexuellen Energie regelmäßig zu überprüfen und gegebenenfalls den normalen Zustand wiederherzustellen.

– *Zweite Möglichkeit, Kraft zu schöpfen:* Bringen Sie sich in Einklang mit Ihrer sexuellen Energie.
– *Ziel:* Verstärken Sie das Gefühl für Ihren Sexus.
– *Schlüsselwort:* »Sexualität«
– *Konzentrationsformel:* »Ich genieße meine sexuelle Energie.«

DIE ALTE WEISHEIT

In der Yogatradition wurde immer das erste Chakra als männlich und das zweite Chakra als weiblich betrachtet. Auf diesem Planeten ist Energie zumeist polar ausgerichtet, und die ausgeprägte Polarität zwischen dem ersten und dem zweiten Energiezentrum erzeugt jene dynamische Kraft, die uns ermöglicht, die eigene Sexualität zum Ausdruck zu bringen.

Im Gegensatz zu den westlichen Religionen, die im Allgemeinen Sexualität und Spiritualität streng voneinander trennen, war in den östlichen Traditionen die menschliche Sexualität stets ein wesentlicher Bestandteil der spirituellen Erfahrung. Besonders im Tantrismus gibt es weiterhin einen tiefgründigen meditativen Weg, auf dem Paare den Geschlechtsakt als eine spirituelle Praktik benutzen, um ihre Lebensenergien zu erhöhen und fein aufeinander abzustimmen.

Natürlich haben auch in unserer Gesellschaft viele Paare entdeckt, welch verblüffende energetische Erfahrung der Beischlaf ihnen bescheren kann. Durch Anwendung unserer PEM-Methode werden Sie lernen, Ihre Energiezentren optimal zu beherrschen, sodass Sie nicht nur Ihre sexuelle Energie mit den anderen Chakren in Einklang bringen, sondern darüber hinaus an einer erfüllenden Steigerung Ihrer sexuellen und kreativen Ausdrucksmöglichkeiten Freude haben.

Wie Sie genau wissen, ist sowohl Ihre sexuelle Energie als auch Ihre genitale Empfindung ständigen Schwankungen unterworfen. Ein wichtiger Aspekt der alten östlichen Tradition besteht darin, dass sie auf der dauernden Veränderung alles Lebendigen beharrt, ja dass der Wechsel überhaupt die einzige Konstante darstellt, auf die wir bauen können. Zahlreiche Menschen aber, die zum ersten Mal lernen, ihre Energiezentren zu beherrschen, entwickeln unnötig starre Vorstellungen von der Eigenart jedes Chakras. Sie wollen im eigenen Energiesystem immer wieder die gleiche Erfahrung machen.

⇨ Doch die existenzielle wie auch die psychische Wirklichkeit des Lebens ist so beschaffen, dass wir eine Erfahrung nie zwei Mal machen können. Jeder Augenblick ist neu – und so werden Sie jedes Mal, wenn Sie die Aufmerksamkeit auf eines Ihrer Energiezentren richten, etwas anderes erfahren.

Versuchen Sie daher bitte nicht, mit begrenzten, unumstößlichen Auffassungen an Ihr Energiesystem heranzugehen. Um das zu verhindern, geben wir Ihnen grundlegende Richtlinien sowie eine spezielle Methode vor, durch die Sie Ihr energetisches Wesen aus einem jeweils anderen Blickwinkel betrachten und empfinden können.

Den ständig wechselnden Zustand Ihrer sexuellen Energie haben Sie sicherlich auch schon daran bemerkt, dass diese sich manchmal auf sehr männliche, harte, aggressive und dominante Weise ausdrückt. Zu anderen Zeiten aber erfahren Sie sie als weiblich, sanft, hingebungsvoll, sehnsüchtig und empfänglich. Die Leute meinen oft, ihre sexuelle Energie beherrschen heiße, sie irgendwie zu manipulieren, sodass man als Mann immer maskulin und als Frau immer feminin sein müsse. Doch eine solche Auffassung bewirkt zumeist gerade das Gegenteil der sexuellen Erfüllung.

Wie bei den anderen Energiezentren lautet die Wahrheit folgendermaßen: Die Beherrschung der sexuellen Energie führt vor allem zur Befreiung von alten Hemmungen und Blockaden in diesem Zentrum, sodass die eigene Sexualität sich spontan und in Einklang mit der gegenwärtigen Lebenssituation entfalten kann. Sobald Ihr allzu kritischer, urteilender Verstand kapituliert und den Weg freimacht, werden die sexuellen Instinkte des zweiten Chakras wunderbar und angemessen darauf reagieren.

Das war gemeint, als die Taoisten Chinas davon sprachen, »dem Weg des Tao zu folgen«. Das innere Energiesystem weiß auf ganz natürliche Weise, wie eine optimale Ladung und Balance aufrechterhalten werden kann und wie dieser Zustand am besten zum Ausdruck kommt. In diesem Programm bemühen wir uns darum, die Gewohnheit der mentalen Fokussierung auszubilden und so das natürliche Gleichgewicht und reibungslose Funktionieren Ihres Energiesystems zu unterstützen.

Unsere Kultur ist in der falschen Überzeugung befangen, allein durch Anwendung der manipulativen Logik unseres begrenzten Ego könnten wir gewissermaßen Gott spielen und jeden Aspekt unseres Lebens kontrollieren. Das war sicherlich auch der Irrtum des kommunistischen Regimes der Sowjetunion, das ein gigantisches Wirtschaftssystem mittels rigider Planung ebenso zu lenken versuchte wie manche Menschen ihre sexuelle Energieleistung – und kläglich scheiterte.

Die alten geistigen Lehrmeister achteten auf die wesentlichen Vorgänge im Innern und erkannten die Wahrheit – nämlich dass unser energetischer Körper unglaublich komplex ist und über ein höchst bemerkenswertes Regulationssystem verfügt, das alle biologischen und energetischen Aspekte unseres Organismus perfekt steuern kann. Ohne diese instinktive Dynamik der energetischen Homöostase wären wir hoffnungslos verloren. Doch wenn wir bewusst entscheiden, das natürliche Energiegleichgewicht zu unterstützen und die Zentren im Körper optimal aufzuladen, gedeihen wir.

Eine weitere tiefe Einsicht aus den alten spirituellen und meditativen Traditionen betrifft die enge Verbindung zwischen der Situation, in der wir uns gerade befinden, und unserer Reaktion darauf. Leider haben wir oft die Neigung, diese stark einzuschränken, wodurch uns dann manchmal jede Empfänglichkeit für die Welt ringsum abhanden kommt, zumal auf der energetischen Ebene. Dementsprechend versuchen wir dann, unser Leben und unsere Beziehungen, die auf einengenden Überzeugungen und defensiven Einstellungen gründen, mehr schlecht als recht zu bewältigen.

Aufgeschlossenheit und Anteilnahme

Die egozentrierte Manipulation unserer intimen Beziehungen funktioniert nur sehr selten. Spontaneität, reine, im gegenwärtigen Augenblick empfundene Hingabe an das sexuelle Verlangen, Empfänglichkeit und Verständnis für das geliebte Wesen – das sind die Eigenschaften, die dem zweiten Chakra die volle Entfaltung seiner Kräfte ermöglichen.

⇨ Die beste praktische Methode, für die jeweilige Situation sexuell empfänglicher zu werden und mehr mit ihr in Einklang zu kommen, besteht darin, sich den inneren Energiezustand so weit wie möglich bewusst zu machen und die Geschehnisse ringsum deutlich wahrzunehmen.

Auch hier stellen wir fest, dass ein schärferes Bewusstsein Ihre natürliche Fähigkeit steigert, im Leben sowohl empfänglich als auch erfolgreich zu sein. In diesem Sinne wollen wir abermals – wie schon im ersten Kapitel – den wichtigen Prozess der Bewusstseinserweiterung durchlaufen und dann den Fokus insbesondere auf das zweite Chakra richten.

Schulung der Aufmerksamkeit mittels der Konzentrationsformel

Wie können Sie sich Ihrer eigenen Gegenwart und Kraft sofort bewusster werden? Wiederum gilt: Sie brauchen zunächst nur die schon bekannte Konzentrationsformel anzuwenden: »Ich spüre, wie die Luft durch meine Nase ein- und ausströmt.«

1. Sprechen Sie sich diese einfache, doch wirkungsvolle Aussage vor und fühlen Sie von tief innen her, wie die Worte selbst Ihnen helfen, das Bewusstsein auf der Stelle auszudehnen. Versuchen Sie es!

   »Ich spüre, wie die Luft durch meine Nase ein- und ausströmt.«

Nachdem Sie beim Einatmen die erste Konzentrationsformel ausgesprochen haben, kommen Sie geistig zur Ruhe und vergegenwärtigen sich, was Sie wirklich empfinden, sobald die Luft durch die Nase ein- und ausströmt.

2. Um nun Ihr Bewusstsein noch weiter auszudehnen, sagen Sie sich: »Außerdem spüre ich die Bewegungen in meiner Brust und meinem Bauch, während ich atme.« Achten Sie darauf, wie das Bewusstsein tatsächlich seinen Radius vergrößert, um zusätzlich Kopf und Becken einzuschließen – einfach indem Sie nacheinander diese beiden Sätze an sich richten.

»Außerdem spüre ich die Bewegungen in meiner Brust und meinem Bauch, während ich atme.«

Es braucht weniger als eine halbe Minute, um aus der Unbewusstheit und dem automatischen Tun in den gegenwärtigen Moment und eine offenere Einstellung gegenüber der Welt ringsum zu gelangen.

3. Richten Sie jetzt Ihre Aufmerksamkeit kurzzeitig auf das erste Chakra und bringen Sie Ihre Absicht deutlich zum Ausdruck, indem Sie sagen: »Ich fühle mich in Becken, Beinen und Füßen fest verwurzelt.« Lassen Sie zu, dass diese Worte Ihr Bewusstsein erweitern, bis Sie in einem Atemzug des *ganzen* Körpers gewahr werden.

»Ich fühle mich in Becken, Beinen und Füßen fest verwurzelt.«

Dieser dreistufige Prozess kann, wenn Sie ihn jeden Tag mehrmals durchlaufen, Ihre energetische Erfahrung grundlegend ändern.

4. Sagen Sie sich anschließend die nächste Konzentrationsformel vor: »Ich genieße meine sexuelle Energie.« Empfinden Sie, wie diese Worte Ihre Aufmerksamkeit nicht nur
auf das zweite Chakra in den Genitalien lenken, sondern
Sie auch darin bestärken, vollkommen zu entspannen –
nur dass Sie dabei die Gegenwart dieser Energie, der Sie
durchaus vertrauen können, intensiv genießen. Wiederholen Sie:

»Ich genieße meine sexuelle Energie.«

Gestatten Sie diesen Worten, Ihre Aufmerksamkeit auf positive, harmonische Gefühle im Sexualchakra zu lenken.
Und versuchen Sie dann, die bewusste Atmung fortsetzend,
sich auf Becken, Genitalien, Beine und Füße gleichzeitig zu
konzentrieren.

*Machen Sie eine Pause und vergegenwärtigen
Sie sich Ihre Erfahrungen.*

• •

PSYCHOLOGISCHE EINSICHTEN

Freud hatte natürlich in vielerlei Weise recht, zumal wenn er
nachdrücklich betonte, dass die meist unbewusste sexuelle
Energie allen anderen Aspekten unseres Lebens zugrunde
liegt, sie beeinflusst und oft auch übermäßig beherrscht; dass
sie also, wenn wir keine offene, ausgeglichene Beziehung zu
ihr herstellen, unser gesamtes Handeln schwer beeinträchtigt.

Wie an früherer Stelle angedeutet, führte Freuds abtrün-
niger Schüler Wilhelm Reich der Welt vor Augen, inwiefern

die moralischen Tabus und emotionalen Störungen in unserer westlichen Kultur Ursachen dafür sind, dass die verdrängte sexuelle Energie der körperlichen Gesundheit schadet und unsere Beziehungen zerstört. Um dem entgegenzuwirken, entwickelte Reich bemerkenswerte therapeutische Methoden, die den Menschen dabei helfen sollten, ihrer sexuellen Energie zu vertrauen, sie frei fließen zu lassen und in hohem Maße zu schätzen. Obwohl er in den 1950er-Jahren vom FBI verfolgt, dann aufgrund falscher Anschuldigungen verhaftet und mit Gefängnis bestraft wurde, unterrichteten seine Lehren eine ganze Generation darüber, wie man die sexuellen Energien besser nutzt.

Reich wies darauf hin, dass es in der englischen Sprache zwei verschiedene Wendungen gibt, die den Geschlechtsverkehr bezeichnen. Entweder man hat Sex (»having sex«) oder man macht Liebe (»making love«) mit jemandem. Im ersten Fall wird bekundet, dass die Erfahrung nicht mehr ist als eine Entladung des zweiten Chakras in den Genitalien. Wenn wir dagegen von »Liebe machen« sprechen, schließt die beschriebene Erfahrung gewöhnlich nicht nur das zweite Chakra mit ein, sondern auch eine Empfindung im Herzen, also im vierten Chakra.

⇨ Die sexuelle Erfahrung des Orgasmus umfasst tatsächlich eine energetische und emotionale Entladung, die in allen sieben Energiezentren des Körpers gleichzeitig stattfindet. Das ist gemäß unserem PEM-Verständnis das höchste Ziel des sexuellen Ausdrucks.

Chakren und Gefühle

Unser energetischer Ausdruck manifestiert sich normalerweise in einer Emotion, und so ist jedes der Energiezentren im Körper mit bestimmten Emotionen verbunden. Der Begriff »Emotion« stammt aus dem lateinischen »movere«, das heißt bewegen. Die Eigenart unserer Emotionen liegt in der Bewegung, dem Fluss, und wo immer sich etwas bewegt, ist natürlich auch Energie vorhanden. Unser Energiesystem kennzeichnet sich durch ständige, äußerst komplexe Energieflüsse, die jeweils sehr oft mit einer Emotion einhergehen.

Das erste Chakra, das hauptsächlich auf unser biologisches Überleben bezogen ist, wird von Natur aus häufig vom Gefühl der Angst beherrscht, eben weil jede Angst letztlich in unserem Kampf ums physische Überleben wurzelt. Dieser erzeugt noch weitere Gefühle wie zum Beispiel Habsucht oder Besitzgier, Argwohn. Aber dem ersten Chakra schreibt man auch positive Gefühle wie Zufriedenheit, inneren Frieden und ein tiefes Gefühl von irdischem Wohlbefinden zu.

⇨ Wenn wir uns unten im ersten Chakra unausgeglichen fühlen, werden die daraus resultierenden negativen Emotionen aufsteigen und unsere gefühlsmäßige Erfahrung im zweiten Chakra vergiften. Ähnlich werden negative Emotionen in den tiefer gelegenen Chakren sich nach oben ausbreiten und jene Emotionen trüben, die wir mit den höher gelegenen Chakren assoziieren.

Die Emotionen des ersten Energiezentrums werden meistens mit dem Element Erde in Verbindung gebracht, die des zweiten – etwa Leidenschaft, Eifersucht, Sehnsucht, Glückseligkeit – mit dem Element Wasser, was sowohl die Tradition als auch die Physiologie nahelegen.

Im Hinduismus ist das tierische Symbol für das zweite Chakra eine Seeschlange, die in den Tiefen des Unterbewusstseins treibt, um dann plötzlich mit unbändiger Kraft und instinktivem, spontanem Verlangen aufzutauchen. Die eigene sexuelle Energie beherrschen heißt, zu dieser Seeschlange eine vertrauensvolle Beziehung herzustellen, sich ihrer Gegenwart bewusst zu sein, selbst wenn sie unter der Oberfläche unserer Emotionen verborgen ist, und ihr gelegentlich wildes Hervorbrechen voll zu akzeptieren.

Halten Sie einen Moment inne, um herauszufinden, wie all das auf Sie wirkt. Wenn Sie Ihre Aufmerksamkeit auf den Genitalbereich lenken, was verspüren Sie dann? Sind Sie sich der Qualität Ihrer sexuellen Energie deutlich bewusst? Und auch wenn Sie gerade nicht Ihren Geschlechtstrieb befriedigen – genießen Sie das Gefühl, dass Ihr sexueller Drache unter der Oberfläche lebendig ist?

Würden Sie sagen, dass Sie zu Ihrer sexuellen Energie eine gute Beziehung haben, oder neigen Sie dazu, sich ein wenig vor ihr zu fürchten? Erscheint sie Ihnen vielleicht als negativ, gefährlich oder gar sündhaft?

Beachten Sie, weiterhin auf die Atmung konzentriert, welche Gedanken und Gefühle sich einstellen, wenn Sie die Konzentrationsformel aussprechen: »Ich genieße meine sexuelle Energie.«

Machen Sie eine Pause und vergegenwärtigen
Sie sich Ihre Empfindungen.

Sexuelle Überreizung

Jedes unserer sieben Energiezentren kennzeichnet sich durch drei Zustände. Ein Chakra kann zu schwach stimuliert und kraftlos sein, zu stark stimuliert und angespannt oder im Gleichgewicht mit den anderen Chakren. In jedem Augenblick ist es wichtig, die eigenen Energiezentren bewusst wahrzunehmen und festzustellen, ob sie zu schwach beziehungsweise zu stark aufgeladen oder ausgeglichen sind.

Das trifft besonders auf das Sexualchakra zu. Die weiter unten gelegenen Energiezentren reagieren sehr empfindlich auf Manipulation, und vor allem die Werbeindustrie zieht aus der Verletzlichkeit des ersten und des zweiten Chakras den größtmöglichen Nutzen. Im Hinblick auf das erste Chakra etwa hat jeder Angst davor, nicht zu überleben, zu scheitern, die finanzielle, soziale oder private Grundlage zu verlieren. Folglich möchte sich jeder sicher und geborgen fühlen und nicht mit Sorgen um den Überlebenskampf belastet sein.

Speziell die Informationsmedien drücken regelmäßig auf all unsere »Angstknöpfe« und halten uns in Ungewissheit, Aufregung, Aggression und anderen Überlebensängsten des ersten Chakras gefangen. Das persönliche Energiemanagement hingegen zielt – wenn es seine Aufgabe erfüllt – gerade darauf ab, sich von solcher Konditionierung durch die Medien, die sich auf die Energiezentren äußerst störend auswirkt, zu befreien, indem man *von innen her,* aufgrund des eigenen Energiezustands, selbstverantwortlich handelt.

Was das Sexualchakra angeht, so neigen die Medien dazu, die genitale Ladung unaufhörlich zu steigern, ohne einen direkten Weg vorzugeben, wie man sich deren entledigt. Natürlich ist es ein gutes Gefühl, sexuell stimuliert zu sein, und wir alle streben danach.

⇨ Doch wir müssen erkennen, dass die chronische Überreizung des zweiten Chakras, des Genitalbereichs, das gesamte innere Energiesystem aus dem Gleichgewicht zu bringen droht.

Auf sehr reale und ernüchternde Weise ist unsere westliche Kultur abhängig geworden von sexueller Überreizung. Gewiss, die hormonale Welle, die bei sexueller Erregung durch den Körper schießt, versetzt uns in Hochstimmung – und ist, maßvoll genossen, sehr gesund. Aber wenn wir das zweite Chakra dauernd stimulieren, wird unser Energiesystem an anderen Stellen geschwächt. Wir zahlen einen stattlichen Preis für unsere Abhängigkeit von sexueller Überreizung.

Medizinische Studien zeigen, dass die Konstitution unseres Körpers darauf angelegt ist, besonders in den Genitalien sexuelle Energie zu erzeugen, diese dann durch einen intensiven Orgasmus zu befreien und hinterher eine weitere Ladung stetig aufzubauen, die ihrerseits in einen Orgasmus mündet. Die sexuelle Lust ist eines unserer ursprünglichen Verlangen, die sich fortwährend erneuern. Frühe Pioniere auf dem Gebiet der Psychologie wie Alcxander Lowen lehrten: Wenn wir die natürliche Sexualfunktion des Aufladens und Entladens voll respektieren und regelmäßig einen heftigen Orgasmus haben, ist unsere allgemeine Lebenskraft in einem sehr ansehnlichen Zustand. Doch die chronische Überreizung eines Chakras stiftet in den anderen Chakren heillose Unordnung.

Deshalb empfehlen wir Ihnen eindringlich, mehrmals am Tag die ausgleichenden Übungen des PEM-Programms zu machen, also die Aufmerksamkeit auf Ihr Sexualzentrum zu richten und herauszufinden, wie dessen Encrgic bcschaffen ist. Da Sie unsere Methode zu verstehen beginnen, wird schon die einfache Tätigkeit, sich voll und ganz darauf zu konzentrieren, das Gleichgewicht dieses Zentrums wiederherstellen.

⇨ Außerdem werden Sie merken, dass es – auch wenn Sie gerade keine sexuelle Beziehung haben – immer wichtig ist, eine Umverteilung der sexuellen Energien im gesamten Chakrensystem bewusst zu fördern. In unserer Kultur sind gegenwärtig viele Menschen ohne sexuellen Kontakt; eben daher erweist sich dieses Programm zum Energiemanagement als äußerst wertvoll, um aufgestaute Energieladungen im zweiten Chakra in Bahnen zu lenken, die Erfüllung gewähren.

Wenn Sie der Reihe nach alle sieben Chakren durchgehen, erlauben Sie dem homöostatischen System, die Überladung in einem Chakra auf andere Chakren zu verteilen, sodass die natürliche Balance erneut hergestellt wird. Das mag zu schön und zu einfach klingen, um wahr zu sein. Erfolgreiches Energiemanagement scheint eine gewisse Anstrengung zu erfordern, aber das Gegenteil ist der Fall. Sobald Sie nicht mehr hindernd eingreifen, bewegt sich Ihr Organismus von selbst auf das innere Gleichgewicht zu …

Was Sie hier tun, ist Folgendes: Sie lernen jene Hemmungen, Blockaden, negativen Einstellungen und eingefleischten Überzeugungen zu beherrschen, die bei zahlreichen Menschen zu einem Ungleichgewicht im Energiehaushalt führen. Sie machen bestimmte innere Schritte, die dazu beitragen, das tiefere homöostatische System zu aktivieren, das genau weiß, wie es Ihr Energieprofil in jedem Augenblick so gestaltet, dass Sie den größten Nutzen daraus ziehen.

Die Kraft der Assoziation

Der menschliche Geist besitzt die phänomenale Fähigkeit, eine Idee, eine Vorstellung, ein Bild, eine Erinnerung mit allen verwandten Ideen, Vorstellungen, Bildern und Erinnerungen zu verknüpfen. Dank dieser Kraft kann ein bestimmter Reiz in sehr kurzer Zeit den Fokus der Aufmerksamkeit entscheidend verschieben.

Genau das geschieht, wenn Sie eine der hier zu erlernenden Konzentrationsformeln aussprechen und zulassen, dass sie Ihre Aufmerksamkeit sofort auf die intensive Erfahrung in einem der inneren Energiezentren richtet. Wenn Sie sich zum Beispiel sagen: »Ich genieße meine sexuelle Energie«, so lenken diese Worte Ihre Aufmerksamkeit auf den Sitz der sexuellen Energie in Ihrem Körper – und darüber hinaus (hervorgerufen durch das suggestive Verb »genießen«) auf die positive Beziehung zu dem Vergnügen an Ihrer sexuellen Energie.

⇨ In ähnlicher Weise können Sie durch etwas Übung einen speziellen Laut oder Gesang mit dem geschärften Bewusstsein hinsichtlich des betreffenden Energiezentrums in enge Verbindung bringen. Jedes Mal, wenn Sie diesen Laut singen, verstärkt die Kraft der Assoziation Ihr Bewusstsein von diesem Zentrum.

Sobald Sie diese Kraft der Assoziation durch die vibrierende Kraft der Artikulation eines bestimmten Lauts ergänzen, machen Sie sich die vokale Wirkung des PEM-Programms voll zunutze.

Im ersten Kapitel haben Sie gelernt, den Laut »Lammmm« zu singen, während Sie sich auf das Wurzelchakra, also auf

Becken, Beine und Füße, konzentrieren. Mit der Zeit werden Sie immer deutlicher merken, dass beim Singen dieses Lauts die Vibration tief im Becken, ja bis in die Beine und Füße zu spüren ist. Wenn Sie hingegen den etwas anderen Laut für das zweite Chakra singen und Ihre Aufmerksamkeit ein wenig höher auf die Genitalien lenken, so empfinden Sie die Vibration besonders in diesem Bereich.

Der stark schwingende Laut, der mit dem zweiten Chakra assoziiert wird, beginnt mit »Vvvvv…« und endet erneut auf »aaaa…mmmm«, woraus sich »Vammmm« ergibt. Wie bei allen anderen Chakralauten sollten Sie den ersten Konsonanten ziemlich in die Länge ziehen, dann zu dem sanften Vokal übergehen, der den Mund öffnet, und das »mmmm« ebenso sanft ausklingen lassen, wobei die Lippen wieder zusammen sind. Dabei spüren Sie die Vibration tief in Ihrem Körper.

Der bloße Akt, irgendein Geräusch zu machen, erzeugt eine Schwingung, die sich durch Ihr gesamtes Knochengerüst und Muskelgewebe ausdehnt. Der Gesang wiederum wird seit Jahrtausenden benutzt, um im Körper eine energetische Ladung aufzubauen, die Aufmerksamkeit ganz auf den gegenwärtigen Augenblick zu richten und das Bewusstsein insgesamt aufzuhellen. Alle Religionen bedienen sich bestimmter Gesänge, die zum Prozess des geistigen Erwachens beitragen.

Da diese Artikulation sich als äußerst wirkungsvolle Methode erwiesen hat, eine tiefe, belebende Erfahrung hervorzurufen, hoffen wir, dass auch Sie anfangen, die Kraft des Gesangs näher zu erforschen. Wahrscheinlich werden Sie damit experimentieren wollen, wenn Sie allein sind. Bitte tun Sie Ihr Bestes, jedwede Hemmung zu überwinden, die Sie in dieser Richtung haben mögen. Das Mittel der Artikulation ist einfach zu wertvoll, um hier ignoriert zu werden. Außerdem merken Sie fast sofort, wie groß das Vergnügen ist, es in das PEM-Programm mit aufzunehmen.

○ *Artikulations- und Gesangsübung*

Falls Sie gerade allein oder mit Freunden zusammen sind, die sich durch Ihre Experimente mit Lauten und leisem Gesang nicht gestört fühlen, wollen wir unsere Untersuchung der ersten beiden Artikulationen beginnen.

1. Konzentrieren Sie sich zuerst auf die Luft, die jetzt durch Ihre Nase ein- und ausströmt ... und dehnen Sie Ihr Bewusstsein aus, um auch die von der Atmung verursachten Bewegungen in Brust und Bauch mit einzuschließen ...

2. Richten Sie Ihre Aufmerksamkeit dann weiter nach unten auf das erste Chakra und sagen Sie sich: »Ich fühle mich in Becken, Beinen und Füßen fest verwurzelt.«

3. Singen Sie, wenn Sie die nächsten Male ausatmen, langsam den Laut zum ersten Chakra:

   »Llll...aaaa...mmmm...«

4. Lassen Sie zu, dass Ihr Bewusstsein nun auch den Genitalbereich umfasst. Sprechen Sie sich den Satz vor: »Ich genieße meine sexuelle Energie«, und erlauben Sie, dass diese Worte Ihre Erfahrung des zweiten Chakras vertiefen.

5. Singen Sie, wiederum jeweils beim Ausatmen, langsam den folgenden Laut:

   »Vvvv...aaaa...mmmm...«

Prägen Sie sich diese Laute mehrmals täglich ein, um damit vertraut zu werden; beachten Sie, wie diese auf zahlreichen inneren Ebenen assoziative Erfahrungen von hohem energetischem Wert hervorrufen.

*Machen Sie eine Pause und vergegenwärtigen
Sie sich Ihre Empfindungen.*

LERNEN DURCH TUN

Die Energie fließt dorthin, wo die Aufmerksamkeit hingeht. Auf welches der sieben Energiezentren achten Sie gewöhnlich am meisten und auf welches am wenigsten? Widmen wir uns nun umso nachdrücklicher dem Lernen durch Erfahrung, indem wir nacheinander über eine Reihe von Fragen nachdenken, die Ihnen neue Einblicke in den eigenen Energiezustand gewährt.

Seien Sie sich weiterhin Ihrer Atmung und Ihrer Gefühle bewusst und stellen Sie fest, welche Gedanken und Einsichten Ihnen kommen, während Sie sich auf die inneren Energiezentren besinnen und zugleich folgende Fragen zu beantworten suchen:

1. Haben Sie die Neigung, häufig in Vergangenheit oder Zukunft abzuschweifen, sich in Erinnerungen, Sorgen, Planungen und Vorstellungen zu verlieren? Sind Sie jemand, der sich häufig in Gedanken verirrt, also auf das fünfte Energiezentrum fixiert ist?

2. Befassen Sie sich allzu oft mit den Angelegenheiten des Herzens, mit Gefühlen wie Mitleid, Sehnsucht, Trauer oder Hoffnung? Oder schenken Sie Ihrem vierten Chakra, dem des Herzens, kaum Beachtung?

3. Konzentrieren Sie sich meistens auf das dritte Chakra im Solarplexus, wo Ihre Kraft, die Dinge voranzutreiben und den eigenen Willen durchzusetzen, verdichtet ist?

4. Gehören Sie zu jenen Menschen, die vorwiegend auf das Sexualchakra ausgerichtet sind und ständig nach sexueller Erregung suchen? Fühlen Sie sich an jener Stelle oft ausgelaugt und wie betäubt? Oder sind Sie in sexueller Hinsicht meistens zufrieden und ausgeglichen?

Machen Sie eine Pause, um über diese Fragen nachzudenken.

Alle sieben Chakren auf einmal erfassen

In diesem PEM-Programm kommt es darauf an, dass Sie regelmäßig Ihre Fähigkeit einüben, die Aufmerksamkeit gezielt von einem Energiezentrum auf das andere zu lenken und sie dadurch immer besser zu beherrschen. Ohne diese bewusste Entscheidung und Tätigkeit wird Ihre Aufmerksamkeit häufig fehlgeleitet, weshalb Sie dann Ihre persönliche Energie kaum noch steuern können.

Das ist eine ziemlich subtile Arbeit, doch vermutlich merken Sie bereits, dass im Körper eindeutig etwas geschicht, wenn Sie die eigene Aufmerksamkeit im Griff haben und anfangen, klare Entscheidungen zu treffen hinsichtlich dessen, wie Sie Ihre geistige Kraft vorteilhaft nutzen.

Hier werden Sie zunächst aufgefordert, sich auf ein bestimmtes Energiezentrum zu konzentrieren – das ist Teil des PEM-Prozesses. Schließlich aber sollen Sie den Radius Ihres Bewusstseins erweitern, sodass Sie sich aller sieben Energiezentren gleichzeitig bewusst sind. Ein bewusster Mensch sein heißt, dass man sein Denken beherrscht und dadurch in Geist, Körper und Gefühl stets ein optimales energetisches Gleichgewicht aufrechterhält.

⇨ Die grundsätzliche Gemütsverfassung, die Ihnen ermöglicht, Ihr Energiesystem auf höchsten Ebenen zu steuern, ist genau jene, die von den geistigen Lehrmeistern aller Zeiten empfohlen und gefördert wurde.

Wenn Sie ein gut entwickeltes Bewusstsein haben, kann Ihre Begabung und Weisheit voll wirksam werden, wo immer es nötig ist. Daher ist die Art und Weise, wie Sie mit der persönlichen Energie umgehen, ein unmittelbarer Ausdruck Ihrer geistigen Kraft, Gesundheit und Rechtschaffenheit. Ein kluger Mensch ist ein immerzu wacher Mensch, der ganz selbstverständlich die uneingeschränkte Verantwortung dafür übernimmt, wie er die innere Lebenskraft zu seinem höchsten Wohl einsetzt.

Beschäftigen wir uns nun mit dem eigentlichen Übungsprogramm, indem wir zunächst das Bewusstsein ausdehnen, dann den Fokus unserer Wahrnehmung verlagern und schließlich einen neuen Schritt bei Bewegung und Gesang unternehmen.

○ *Übung zur Ausdehnung des Bewusstseins*

Trainieren Sie Ihre Aufmerksamkeit genauso, wie Sie auch Ihre Muskeln trainieren würden – nämlich durch gezielte Verlagerung und Ausdehnung des ursprünglichen Bewusstseinspotenzials.

1. Richten Sie bitte noch während der Lektüre Ihre Aufmerksamkeit auf die Empfindung der Luft, die jetzt durch die Nase ein- und ausströmt. Atmen Sie ohne jede Anstrengung, derweil Sie einfach nur sehr aufnahmefähig und hellwach sind und spüren, wie die Luft in den Körper hinein- und wieder aus ihm herausströmt …

2. Vergegenwärtigen Sie sich die Ausdehnung Ihres Bewusstseins, während Sie weiterhin auf die Luft achten, die durch die Nase ein- und ausströmt, sowie auf die Bewegungen in Brust und Bauch, hervorgerufen durch jeden neuen Atemzug …

3. Empfinden Sie, nach wie vor der eigenen Atmung folgend, was geschieht, wenn Sie die Aufmerksamkeit rasch auf eine andere Körperstelle lenken. Gestatten Sie dem Bewusstsein, den linken großen Zeh mit einzuschließen. Nehmen Sie wahr, wie es sich ausdehnt, sobald Sie einen neuen Fokus hinzufügen und dabei zugleich den alten Fokus (die Atmung) im Sinn behalten …

4. Erweitern Sie das Bewusstsein jetzt noch mehr, um den Kopf bis zum Scheitel mit einzubeziehen … Seien Sie sich gleichzeitig der Atmung, des linken großen Zehs und des Scheitels bewusst …

Machen Sie eine Pause und erfahren Sie intensiv
Ihren inneren Zustand.

● ●

○ *Übung zur Verlagerung des Wahrnehmungsfokus*

Wie bereits erwähnt, können Sie kognitive Stichwörter oder
Konzentrationsformeln benutzen, um Ihre Wahrnehmung
genau dorthin zu lenken, wo Sie sie gerne haben möchten.
Untersuchen Sie diesen Prozess, indem Sie sich der Reihe
nach auf jedes einzelne Energiezentrum besinnen.

1. Sprechen Sie sich das Wort »Wurzelchakra …« vor und
   lassen Sie zu, dass es Ihre Aufmerksamkeit auf Becken,
   Beine und Füße richtet – sowie auf das unterste Ende der
   Wirbelsäule.

2. Sagen Sie sich jetzt: »Sexualchakra …«, damit Ihre Aufmerksamkeit höher steigen und auch den Genitalbereich
   mit einschließen kann, außerdem jede Emotion oder
   Energie, die Sie an dieser Stelle empfinden.

3. Artikulieren Sie: »Nabelchakra …«, und gestatten Sie Ihrer Aufmerksamkeit, noch höher zu wandern und das
   dritte Energiezentrum in Bauch und Solarplexus einzubeziehen.

4. Sagen Sie sich nun: »Herzchakra …«, und lenken Sie Ihre
   Aufmerksamkeit weiter nach oben in den Brust- und
   Herzbereich. Nehmen Sie die Gefühle in diesem vierten
   Energiezentrum deutlich wahr.

5. Sprechen Sie dann das Wort »Kehlchakra …« aus und richten Sie Ihre Aufmerksamkeit auf Mund und Kehle, wo verbales Denken und Kommunikation ihren Sitz haben.

6. Sagen Sie sich: »Brauenchakra …«, und lenken Sie Ihre Aufmerksamkeit auf jenen Punkt hinter den Augenbrauen, auf das Zentrum des Gehirns.

7. Sprechen Sie schließlich das Wort »Kronchakra …« aus, um sanft zuzulassen, dass Ihre Aufmerksamkeit bis zum Scheitel steigt, an jenen siebten Ort, der als das spirituelle und transpersonale Zentrum bezeichnet wird.

Während Sie weiterhin tief atmen und diese Erfahrung genießen, machen Sie den nächsten Schritt und dehnen das Bewusstsein auf alle sieben Energiezentren gleichzeitig aus … Seien Sie sich Ihres ganzen Körpers im jetzigen Augenblick bewusst – von den Unterseiten der Füße bis hinauf zum Scheitel … Atmen Sie in Ihre immer umfassendere Fähigkeit, das gesamte innere Energiesystem als ein ausgeglichenes Ganzes zu begreifen …

Machen Sie eine Pause, um sich zu vergegenwärtigen,
was Sie genau empfunden haben.

○ Bewegungs- und Gesangsübung

Im ersten Kapitel haben Sie die Grundlagen der Ganzkörperbewegung und des Artikulationsprozesses gelernt. Im Folgenden werden Sie die gleiche Ganzkörperbewegung für jedes Energiezentrum ausführen – und zusätzlich den speziellen Laut jenes Chakras singen, auf das Sie sich gerade konzentrieren.

Ziel ist es, diesen Ablauf in eingängige Begriffe zu fassen und zugleich umso wirkungsvoller für die persönliche Erfahrung zu gestalten. Obwohl Sie auf dem Weg dorthin bei jedem Chakra die gleiche Ganzkörperbewegung machen, wird diese immer tiefere Gefühle und unerwartete innere Erfahrungen bewirken. Die Artikulationen sind ebenfalls einfach; jedoch lenken sie Ihre Aufmerksamkeit jedes Mal auf neue Wahrnehmungsebenen, wenn Sie sich dieser Bewegungs- und Gesangsübung widmen.

Es folgt noch einmal die allgemeine Beschreibung des Bewegungsablaufs, nun verbunden mit der Artikulation zum Sexualchakra (»Vammmm«):

1 Stehen Sie mit herabhängenden Armen ruhig da.

2 Heben Sie die Arme, Hände nah beieinander und Ellbogen nach vorn gestreckt.

3 Strecken Sie sich mit erhobenen Armen so weit wie möglich in die Höhe, Wirbelsäule aufrecht und Knie durchgedrückt.

4 Atmen Sie durch den Mund aus, die Arme zur Hälfte gesenkt und zu beiden Seiten weggestreckt, Handflächen nach oben, Wirbelsäule und Knie halb gebeugt.

5 Wirbelsäule und Knie ganz gebeugt; in dieser Haltung des tiefen Ausatmens hängen Kopf und Arme nach unten.

6 Richten Sie sich zur Hälfte wieder auf, Hände nah beieinander und nach unten hängend; atmen Sie ein und kehren Sie langsam in die aufrechte Position zurück.

Wie gesagt, Sie werden diese wesentliche Bewegung für jedes der sieben Chakren wiederholen und dabei jeweils einen neuen Laut singen, um Ihre Aufmerksamkeit darauf zu richten, bis Sie schließlich sämtliche Energiezentren fokussiert haben. Am Ende des Trainingsprogramms werden Sie schließlich die Fähigkeit besitzen, sich der folgenden Punkte gleichzeitig bewusst zu sein:

- der Ganzkörperbewegung, bei der Sie alle Chakren der Reihe nach aktivieren;
- der Vibration und des gesungenen Lauts für jedes Chakra;
- der Aufmerksamkeit, die Sie nacheinander auf alle Chakren richten;
- der inneren Erfahrung, die Sie mit jedem Energiezentrum machen;
- der inneren Bezeichnung, die Sie jedem Energiezentrum geben.

Vielleicht haben Sie den Eindruck, dass das etwas viel auf einmal ist, aber sehr schnell werden Sie diesen Ablauf als ganz natürlich empfinden. Ja Sie werden merken, dass es Ihrem Geist Freude macht, sich intensiv damit zu beschäftigen. Also gehen wir erneut die einzelnen Positionen der Ganzkörperbewegung durch, um Ihnen die Methode noch näherzubringen.

1. Stehen Sie zunächst mit leicht gespreizten Beinen und herabhängenden Armen da; während Sie durch die Nase voll ausatmen, beugen Sie die Knie ein wenig und spannen die Bauchmuskeln an ...

2. Wenn Sie nun ruhig durch die Nase einatmen, führen Sie die Hände nah aneinander, die Handflächen nach unten, und heben dann langsam Arme und Hände ...

3. Mit gerader Wirbelsäule, die Arme hoch über dem Kopf, ist Ihr Körper so weit wie möglich gestreckt und Ihr Blick geht nach oben; halten Sie die Luft beim Einatmen kurz an, um diese volle Streckung zu genießen ...

4. Beim langsamen Ausatmen durch den Mund fangen Sie an, »Vam« zu singen, während sich Arme und Hände nach unten und nach außen bewegen, mit nach oben zeigenden Handflächen; beugen Sie dann schrittweise Rücken und Knie, derweil die Arme in einer anmutigen Bewegung an die Körperseiten sinken ...

5. Beugen Sie sich immer weiter nach unten, bis Sie keine Luft mehr haben und still werden ... bis Kopf und Arme frei über dem Boden hängen ... und die Lungen völlig leer sind ...

6. Richten Sie sich, durch die Nase einatmend, Arme und Hände nah beieinander, allmählich wieder auf … Drücken Sie Kreuz und Knie durch … bis Sie sich schließlich in die Höhe recken und den Blick nach oben richten, während Sie die Lungen ganz mit Luft anfüllen … um dann auf dem Weg nach unten erneut auszuatmen, »Vam« singend … Wiederholen Sie diesen Ablauf einige Male.

Machen Sie eine Pause und vergegenwärtigen Sie sich Ihre Empfindungen.

3. Die ursprüngliche Kraft reinigen

ALLGEMEINER ÜBERBLICK

In den alten Traditionen ist von einem besonderen »Qi-Kraftzentrum« die Rede, das tief im Bauch liegt, wo die persönliche Energie aufgespeichert, erfahren und freigesetzt wird. Sämtliche Kampfsporttechniken zielen auf die Beherrschung dieses inneren Kraftzentrums, und genau davon hängen Sieg und Niederlage ab. Auch Sie tragen – wie jeder Kung-Fu-Meister – eine geballte Ladung Energie im Bauchbereich, die in die Muskulatur ausstrahlt. Manchmal fühlen Sie sich körperlich schwach, dann wieder stark; diese Zustände sind unmittelbar auf das Niveau und die Qualität der Energie in diesem dritten Zentrum zurückzuführen.

Von Natur aus besitzen Menschen in ihrem dritten Chakra ein extrem hohes Maß an Kraft. Leider wurden die meisten von uns in der Kindheit dazu erzogen, jede starke Energieladung im Kraftzentrum abzublocken. Wahrscheinlich stellen Sie wie schon im Falle der sexuellen Energie fest, dass Sie lernen müssen, die eigenen Ängste und zaghaften Einstellungen zu überwinden, damit die enormen Energiereserven deutlich wahrgenommen und vorteilhaft genutzt werden können.

⇨ Überlegen Sie sich zunächst einmal Folgendes: Empfinden Sie Ihr Gefühl von persönlicher Körperkraft normalerweise als angenehm? Haben Sie bisweilen Angst, von ihr förmlich übermannt zu werden? Wünschen Sie sich hin und wieder, mehr davon zur Verfügung zu haben?

Auf dieser dritten Stufe des PEM-Programms werden Sie lernen, mit diesem speziellen Aspekt Ihres Energiespektrums in Einklang zu kommen, diese innere Kraft so zu reinigen, dass Sie ihr vertrauen, schließlich zur Tat zu schreiten und die Energie des dritten Chakras mit einem guten Gefühl zum Ausdruck zu bringen.

Während wir Abschnitt für Abschnitt dieses Buches behandeln, wird sowohl Ihre Herausforderung als auch Ihr Vergnügen darin bestehen, jene rohe tierische Kraft mit den höher gelegenen Energiezentren in Herz und Kopf harmonisch zu verbinden.

Wie wir an späterer Stelle ausführlicher erörtern werden, scheint die gesamte Weltzivilisation – zumal auf politischen, wirtschaftlichen und militärischen Ebenen – den gleichen Prozess zu durchlaufen: nämlich zu lernen, rohe Kraft auf sinnvollere Art mit Weisheit und Mitgefühl in Beziehung zu setzen. Die besondere Beachtung des dritten Energiezentrums spielt hierbei eine entscheidende Rolle – und ist darüber hinaus auch eine aufregende Erfahrung.

Noch einmal: Was empfinden Sie im Hinblick auf Ihre eigene Kraft? Fürchten Sie sich davor, haben Sie den Kontakt zu ihr verloren, werden Sie von ihr beherrscht?

Oder, in positiver Wendung gefragt: Beschert sie Ihnen ein angenehmes Gefühl, bewirkt sie in Ihrem Leben Freude und Eintracht? Um Ihr gegenwärtiges Gefühl jeden Tag bewusst wahrzunehmen, sollten Sie sich vielleicht sagen: »Meine persönliche Kraft fühlt sich gut und ausgeglichen an« – und herausfinden, ob das wirklich stimmt oder ob Sie sich durch die Macht der gesprochenen Worte in diese Richtung bewegen lassen müssen.

- *Dritte Möglichkeit, Kraft zu schöpfen:* Bejahen Sie Ihre eigene Kraft.
- *Ziel:* Reinigen Sie Ihre innere Handlungsenergie.
- *Schlüsselwort:* »Persönliche Kraft«
- *Konzentrationsformel:* »Meine persönliche Kraft fühlt sich gut und ausgeglichen an.«

DIE ALTE WEISHEIT

Im Hinblick auf das dritte Chakra betonen die meisten traditionellen Lehren, dass wir uns hierbei von der Erde des ersten Chakras über das Wasser des zweiten Chakras zum dritten Element, zum Feuer, bewegen. Die wichtigsten energetischen Qualitäten des dritten Chakras – persönliche Kraft, Organisationstalent, die Fähigkeit, zur Tat zu schreiten und damit die eigenen Ideen in der physischen Welt zu verwirklichen – spiegeln ganz offensichtlich das Element des Feuers wider. Wenn Sie im Bauch Energie ansammeln, um eine bestimmte Sache zu erledigen, haben Sie oft das Gefühl, innerlich zu »brennen« und gerade dadurch das gesteckte Ziel zu erreichen.

Um diese alte Weisheit in Bezug auf die Elemente in ihrer ganzen Bandbreite zu erfassen, verbinden wir sie mit den betreffenden Chakren im Körper. Wir wandern von der Erde zum Wasser, von dort zum Feuer und schließlich zur Luft, die das vierte Energiezentrum kennzeichnet.

➪ Diese ersten vier Chakren und ihre Elemente Erde, Wasser, Feuer, Luft spiegeln nicht nur die alten Philosophien wider, sondern auch die wesentlichen materiellen Bestandteile des Lebens auf diesem Planeten. Jedes Mal, wenn Sie sich auf die vier Chakren besinnen und für einen Augenblick über jedes ihrer Elemente nachdenken, bringen Sie sich also in Einklang mit den Urstoffen, die Ihr Wesen spürbar mit Energie versorgen.

Wenn wir anschließend zum fünften Chakra in Kehle, Zunge und Lippen gelangen, das in die verbale und kognitive Dimension des Gehirns integriert ist, erreichen wir das fünfte Element, das aus Schwingungen besteht: Gedanken, Vorstellungen, persönliche Absichten, die sich als auditive Energie manifestieren. Natürlich wissen Sie inzwischen, dass wir diese Schwingungsenergie im Rahmen des PEM-Programms nutzen, indem wir mit jedem Chakra einen bestimmten Laut assoziieren und die sieben Chakralaute regelmäßig zum Ausdruck bringen.

Indem wir dann zum noch mehr verfeinerten sechsten Chakra aufsteigen, das sich zwischen und hinter den Augenbrauen befindet, stoßen wir auf das sechste Element, das sich aus Licht zusammensetzt. Dieses bemerkenswerte Chakra hat die Eigenschaft, Licht sowohl zu empfangen als auch auszusenden. Gemäß unserem westlichen religiösen Erbe zum Beispiel wird Jesus auf seiner hohen Bewusstseinsstufe mit den Worten zitiert: »Ich bin das Licht.« Und auch in vielen anderen Kulturen stellt man sich vor, dass hoch entwickelte geistige Wesen aus diesem sechsten Chakra Licht ausstrahlen.

Vom wissenschaftlichen Standpunkt aus betrachtet, stellt das Licht eine feinere, durchdringendere Schwingung dar als der Laut. Es ist das Medium, durch welches Energie selbst über unsere planetarische Atmosphäre hinaus übermittelt wird – und es bewegt sich tatsächlich mit Lichtgeschwindigkeit, trägt seine besondere Energie und Information von einem Ende des Universums ans andere. In der entgegengesetzten Richtung, hinsichtlich unseres Geistes, sprechen wir von einer »blitzartigen Einsicht«, um so die Wirkung dieses sechsten Elements auszudrücken, während es sich in unserem Energiesystem manifestiert.

⇨ Schließlich erreichen wir das siebte Energiezentrum, das Kronchakra, und nähern uns jener Qualität des Bewusstseins, die am weitesten jenseits der Worte und Bezeichnungen liegt. Sowohl in der hinduistischen als auch in der christlichen Tradition wird das siebte Chakra mit dem von allen Einflüssen des Ego unabhängigen, völlig reinen Denken in Verbindung gebracht.

Dieses siebte Element markiert die höchste Ebene des »Christus-Bewusstseins« oder der Weisheit. Obwohl sie das menschliche Auffassungsvermögen übersteigt, können wir das siebte Chakra unmittelbar erfahren und in seine unendliche Gegenwart und Ausdrucksweise eindringen.

Jene sieben Grundelemente, die unsere energetische Identität ausmachen, repräsentieren unterschiedliche Schwingungsebenen – von den mehr oder weniger physischen Schwingungen der Erde, des Wassers, des Feuers, der Luft über die feineren Schwingungen der Artikulation und des Lichts bis zu der an der obersten Stelle unseres Energiesystems ansetzenden spirituellen, transzendenten und universellen Dimension.

Feuer im Bauch

In früheren Epochen war für die meisten Kulturen der oberste Gott der des Feuers – der Sonnengott. Zweifellos stammt die gesamte Energie, die das Leben auf diesem Planeten in Gang hält, aus dieser himmlischen Feuerquelle. Und jedes Mal, wenn Sie den PEM-Prozess durchlaufen, um die Aufmerksamkeit erneut auf das Feuer in Ihrem Bauch zu richten, huldigen Sie dem Sonnengott, der materiellen Quelle all Ihrer persönlichen Kraft.

Im alten Ägypten nannte man den Sonnengott »Ra« – und in Indien fast identisch »Ram«, wobei dieser Laut mit dem dritten Chakra assoziiert wurde. Wenn Sie ihn singen, werden Sie feststellen, dass durch diese Artikulation eine große Kraft freigesetzt wird, die tatsächlich besonders im Bauchbereich spürbar ist.

Wir kommen jetzt zu der Frage, an welcher Stelle im Bauch sich das dritte Chakra befindet. Einer hinduistischen Tradition zufolge liegt dieses Energiezentrum im Solarplexus – physiologisch betrachtet ein Nervenstrang –, der auf das Zwerchfell einwirkt, das seinerseits die Atmung steuert. In anderen hinduistischen Schriften heißt das dritte Chakra »Nabelchakra« und ist im Bereich zwischen Nabel und Solarplexus lokalisiert.

Doch in vielen anderen ursprünglichen Kulturen, zumal in jenen, die den Kampfsportarten und der Person des Kriegers besondere Bedeutung beimessen, liegt das dritte Chakra oder das Zentrum der »Qi«-Energie unterhalb des Nabels. Amerikanische Indianerstämme – zum Beispiel die Zuni, Yaqui und Huichole – lokalisieren dieses Zentrum der menschlichen Kraft ebenfalls direkt unterhalb, zugleich aber ein wenig links vom Nabel.

Hinsichtlich der Ziele unseres Programms müssen wir uns vergegenwärtigen, dass die verschiedenen Chakren keine statischen Punkte im Körper sind, sondern eher »unscharfe« Stellen, die wandern können, gemäß dem allgemeinen Energiezustand und anderen Variablen, die offen gestanden niemand völlig durchschaut. Wenn Sie also zum dritten Schritt des PEM-Programms gelangen und Ihre Aufmerksamkeit auf das eigene Kraftzentrum richten, sollten Sie stets empfänglich sein für eine neue Erfahrung, statt frühere Erfahrungen wiederholen zu wollen, die mit der Lage wie auch mit der Eigenart und Qualität dieses Chakras verbunden sind.

Gehen wir erneut von der Vorstellung zur Erfahrung über, indem Sie sich auf den Bereich um Solarplexus und Bauchnabel besinnen und dabei leise das Wort »Kraftzentrum« aussprechen …

Lenken Sie die Aufmerksamkeit weiterhin auf jene Stelle unten im Bauch, während der Atem kommt und geht … Atmen Sie tief in den Bauch hinein und entspannen Sie beim Einatmen dessen Muskeln, statt sie ständig anzuspannen. Fühlen Sie, wie dieser Körperbereich mit jedem neuen tiefen Atemzug an Kraft gewinnt …

Während Sie nun auf Ihr drittes Energiezentrum konzentriert sind, es immer tiefer erfassen, sagen Sie sich: »Meine persönliche Kraft fühlt sich gut und ausgeglichen an.« Sie erlauben diesen Worten, im gesamten Organismus widerzuhallen, und bleiben immer offen für eine neue Erfahrung …

Machen Sie eine Pause und vergegenwärtigen
Sie sich Ihre Empfindungen.

Menschheitsgeschichte und Chakren

Mehrere ausgezeichnete Gelehrte haben auf die Parallele zwischen dem Verlauf der Menschheitsgeschichte und dem Aufstieg von den unteren zu den höheren Chakren verwiesen. Diesen Fortschritt können wir auch bei der Entwicklung des kleinen Kindes zu einem – hoffentlich klugen – Erwachsenen beobachten. Wenn Sie in dieser Richtung genauere Informationen erhalten möchten, sollten Sie Anodea Judiths Buch *Wheels of Life* (Lebensräder) lesen, in dem die Autorin darauf aufmerksam macht, dass »sich unsere Kultur in ihrer Entwicklungsgeschichte derzeit durch den unteren Teil des dritten Chakras arbeitet«. Joseph Chilton Pearce und Gopi Krishna kommen zu ganz ähnlichen Schlüssen.

Alle Zivilisationen und alle Individuen sind von Anfang an im ersten Chakra verwurzelt, dem Sitz der Überlebensenergie und der durch Angst bedingten Abwehrmechanismen oder Verhaltensweisen. Wie wir zuvor gesehen haben, sind sämtliche Lebewesen seit Beginn der Evolution auf diesem Planeten zugleich in ihrem zweiten Chakra, dem Zentrum der Fortpflanzungsenergie, verankert. Darüber hinaus zeigt sich, dass alle Geschöpfe das dritte Chakra besitzen, jenes Zentrum der persönlichen Kraft, die fortwährend darauf drängt, jene für das Weiterleben notwendige Energie aufzubringen.

▭▷ Diese drei Chakren sind auch für die Entwicklung einer Zivilisation von wesentlicher Bedeutung. Selbst ohne den Einfluss des vierten Chakras – wo Mitgefühl, Einfühlungsvermögen und selbstloses Handeln zugunsten eines höheren Guts überwiegen – können Zivilisationen und Individuen eine Zeit lang reifen, herrschen und sogar aufblühen.

Wie wir jedoch bis auf den heutigen Tag immer wieder festgestellt haben, wird eine Zivilisation oder ein Individuum
ohne die Einbeziehung der höheren in die tieferen Energiezentren schließlich vor allem durch Manipulation, selbst-
süchtiges Verhalten, Gewalt und Zwang aufgrund der Dominanz des dritten Chakras in Erscheinung treten.

Wenn wir unsere gegenwärtige Zivilisation betrachten, in
der wir nach wie vor Gewalt und die Androhung von Gewalt
benutzen, um über den Rest der Welt zu gebieten, wird deutlich, dass wir zumeist noch in den Verhaltensweisen, Einstellungen und auf Angst gegründeten Entscheidungen des dritten Chakras gefangen sind. Andererseits jedoch steht fest:
Seitdem Buddha, Jesus und andere geistige Lehrmeister den
Weg der Liebe und der Anteilnahme (viertes Chakra) anstelle
des Weges der Herrschaft und der Gewalt (drittes Chakra) zu
predigen begannen, bewegt sich die Weltkultur kontinuierlich auf eine höhere, verfeinerte Ebene des menschlichen Bewusstseins zu.

⇒ Eine unserer Hoffnungen bei der Niederschrift dieses
Buches und der Ausarbeitung des PEM-Programms besteht
darin, auf bescheidene Weise zu der Entwicklung unserer
Gesellschaft beizutragen – in Richtung auf ein harmonisches
Zusammenwirken der Kraft des dritten Chakras mit der
Liebe des vierten Chakras.

Hoffentlich erreichen wir jenen Wendepunkt, wo genügend
Menschen die bewusste Entscheidung treffen, im vierten statt
im dritten Chakra verwurzelt zu sein, sodass wir als Weltgesellschaft die Phase menschlicher Gewalt auf diesem Planeten schließlich überwinden und eine neue Ära eröffnen, in
der die höheren Chakren in die tieferen integriert sind und

echter Friede sowie allgemeine Harmonie vorherrschen. Jedes Mal, wenn Sie die PEM-Methode praktizieren, arbeiten Sie also tatsächlich auf eine Umgestaltung der Weltzivilisation hin. Wir hoffen, Sie behalten dies stets im Gedächtnis und erkennen, dass Sie als Individuum durch die Veränderung Ihrer selbst die Welt zum Besseren verändern können.

Bitte beachten Sie, dass wir in keiner Weise andeuten wollen, die ersten drei Chakren seien ihrem Wesen nach negativ. Diese Energiezentren speisen sich einfach aus roher, biologischer Kraft, die in Manipulation, Gewalt, Hass und kaltherzige Aggression umschlagen oder durch Integration in die höheren Energiezentren in gerechte, friedliche, einfühlsame Kooperation verwandelt werden kann. Die Kraft des dritten Chakras ist in ausgeglichenem Zustand keineswegs schädlich oder schlecht oder verachtenswert. In Wahrheit erweist sie sich als absolut notwendig für einen ausgewogenen geistigen Ausdruck. Probleme entstehen lediglich dann, wenn der Energiefluss zwischen dem dritten und dem vierten Chakra blockiert ist.

Infolgedessen beharren wir darauf, dass ein bewusst hergestelltes Gleichgewicht aller sieben Chakren das höchste Ziel darstellt – nicht nur für uns als Individuen, sondern auch für die Weltgesellschaft insgesamt. Nichts ist schöner und vielversprechender als ein Mensch mit Feuer im Bauch und einem genauso großen Maß an Liebe im Herzen.

PSYCHOLOGISCHE EINSICHTEN

Wie an früherer Stelle bereits erwähnt, ist jedes unserer Energiezentren entweder übermäßig stimuliert und hyperaktiv oder blockiert und allzu passiv oder richtig aufgeladen und ausbalanciert. Wenn das dritte Chakra falsch aufgeladen ist, besteht für das Individuum tatsächlich die Gefahr, auf der einen oder anderen Daseinsebene nicht zu überleben. Wir müssen also im dritten Chakra eine gesunde und stabile Energieladung beibehalten.

Wie Sie wahrscheinlich sowohl in Ihrer Umgebung als auch am Arbeitsplatz bemerkt haben, kommt auf jede Person, die allzu manipulativ und aggressiv wirkt, zumindest eine Person, bei der die innere Kraft chronisch blockiert scheint.

⇨ Und wie steht es mit Ihnen? Sehen Sie sich als einen Menschen, dessen persönliche Kraft ausgeglichen ist? Oder sind Sie ständig »geladen« und allzu hektisch? Oder gehen Sie gewöhnlich mit angestauter Energie durchs Leben? Erübrigen Sie einen Augenblick, um der Atmung tief unten im Bauch gewahr zu werden, während Sie sich diese grundlegenden Fragen stellen …

*Machen Sie eine Pause und denken Sie
über Ihre Antworten nach.*

• •

Allem Anschein nach gibt es drei primäre Variablen, die Ihre momentane Energieladung im dritten Chakra mehr oder weniger stark beeinflussen. Diese drei Variablen bestimmen auch über den Energiezustand der anderen Chakren. Betrachten wir jene der Reihe nach, sodass Sie Ihre persönliche Verfassung dem entsprechenden Schema zuordnen können.

Genetische Veranlagung: Zweifellos sind einige Menschen ganz einfach mit einer höheren Energieladung im dritten Chakra ausgestattet als andere. So ist das Leben – ein Würfelwurf, genetisch gesprochen. Manche sind dazu geboren, tapfere Krieger, temperamentvolle Fußballspieler oder unter hohem Druck arbeitende Führungspersönlichkeiten zu sein, andere dazu, eher fürsorgliche Aufgaben in der Gesellschaft zu übernehmen, bei denen zu viel persönliche Kraft eine sinnvolle Arbeit tatsächlich beeinträchtigen mag. Da man seine genetische Veranlagung nicht ändern kann, ist es wichtig, sich selbst anzunehmen und zu lieben und das eigene Schicksal zu verwirklichen.

Prägungen in der Kindheit: Wir alle wurden in frühen Jahren emotional erschüttert. Selbst wenn wir die besten Eltern und die günstigste Umgebung hatten, sind wir in unseren Gefühlen verletzt, missverstanden, ungerecht bestraft und in Situationen gebracht worden, die uns erschreckten und behinderten. Und weil es so etwas wie perfekte Eltern oder eine ideale Umgebung zum Großwerden nicht gibt, treten wir tatsächlich mit zahlreichen Leiden, ängstlichen Einstellungen und Erwartungen ins Erwachsenenalter ein. Außerdem wurden wir durch eine Reihe von religiösen und kulturellen Überzeugungen konditioniert, die unterschwellig darauf abzielten, unsere natürliche Energieladung einzudämmen, zu beherrschen und zu steuern – nicht gemäß unseren individuellen Bedürfnissen und Wünschen, sondern gemäß den allgemeinen gesellschaftlichen Regeln und Vorschriften.

Entscheidungen im Erwachsenenalter: Unser gegenwärtiger Energiezustand unterliegt in hohem Maße auch unserer Eigenverantwortung. Obwohl jeder von uns durch genetische Veranlagung und Prägungen in der Kindheit stark beeinflusst wurde, sind wir doch als erwachsener Mensch gleichsam

Kapitän auf unserem Schiff. Tagtäglich – ja fast in jedem Augenblick – treffen wir Entscheidungen, von denen die Richtung unseres Lebens und der Zustand unseres Energiesystems abhängt. Wenn Sie also an diesem PEM-Kurs teilnehmen, entscheiden Sie sich dafür, Ihre aus der Kindheit übernommenen Einstellungen und Blockaden zu ändern sowie mit Ihrer genetischen Veranlagung mehr in Einklang zu kommen. Indem Sie sich entschließen, Ihren sieben Chakren besondere Beachtung zu schenken, bestimmte Konzentrationsformeln oder Vorsätze zu benutzen und so den eigenen Energiezustand positiv zu beeinflussen, transformieren Sie Ihr Leben.

Eines ist vollkommen klar: Das innere Energiesystem wird vor allem durch die Macht der Angst ins Ungleichgewicht gebracht. Viele Menschen verhindern den natürlichen Ausdruck ihrer Kraft im dritten Chakra, weil sie sich vor den damit verbundenen Konsequenzen fürchten. Und ebenso viele Menschen zeigen Überreaktionen, bauen eine zu hohe Chakrenenergie auf, weil auch sie Angst haben – im Gefühl, sie müssten extrem aufgeladen sein mit persönlicher Kraft, um sich zu verteidigen und das zu bekommen, was sie im Leben brauchen.

Wenn wir Aufstieg und Fall der Weltzivilisationen betrachten, stellen wir seltsamerweise fest, dass die meisten von ihnen gerade nicht an mangelnder Stärke zugrunde gingen, sondern an einer übermäßigen Ausdehnung ihres Herrschaftsbereichs.

⇨ Offensichtlich sind die Vereinigten Staaten im Begriff, die Geschichte zu wiederholen, indem sie die gesamte Welt zu dominieren versuchen, statt die Entwicklung der Geschichte voranzutreiben in eine neue Epoche und damit auch dem Raubbau an natürlichen Energievorräten Einhalt zu gebieten.

Um es klipp und klar auszudrücken: Die heutigen politischen Führer Amerikas treffen Entscheidungen, die zumeist auf der im dritten Chakra verwurzelten Angst und Habgier beruhen, ohne Mitgefühl und Vertrauen sowie jenen Sinn für Gerechtigkeit und Harmonie – die Qualitäten des vierten Chakras – adäquat mit einzubeziehen, ganz zu schweigen von spiritueller Einsicht und Weisheit. Hoffen wir darauf, dass die hiesigen Wähler den Gang der Ereignisse rechtzeitig in eine andere Richtung lenken können.

Energie und Willenskraft

Jeglicher Energieverbrauch im Körper wird durch eine bewusste oder unbewusste Absicht hervorgerufen. Jede Zelle hat eine spezifische Aufgabe zu erfüllen und strebt unentwegt danach, ihr Ziel zu erreichen. Unser Körper ist ein ganz außergewöhnlicher Organismus, dazu bestimmt, mit aller Macht sein Überleben, seine Gesundheit und seine Befriedigung sicherzustellen. Jede einzelne Zelle verwaltet von einem Augenblick zum nächsten mit großer Finesse und biochemischer Weisheit die ihr zur Verfügung stehende Energie, wobei sie sich auf die seit Millionen von Jahren andauernde Evolution stützt.

Die meisten Tiere auf diesem Planeten »funktionieren« ausschließlich durch instinktive, programmierte Reaktionen und Gewohnheiten, welchen der unbewusste Drang innewohnt, zu überleben und gesund zu bleiben. Erst beim Menschen stoßen wir auf ein Geschöpf, das zum bewussten Denken fähig ist und daher seine natürliche organische Programmierung einerseits übertreffen, andererseits aber beeinträchtigen kann.

Unser Segen und unser Fluch besteht darin, dass wir Überzeugungen und Gedanken zu entwickeln vermögen, die unserer unbewussten animalischen Natur widersprechen und manchmal sogar Gewalt antun.

⇨ Kurzum, wir Menschen sind eigenwillige Kreaturen mit vielerlei seltsamen Einstellungen und Anschauungen, aufgrund deren wir oft beschließen, die primäre Kraft unseres dritten Chakras in einer Weise zu benutzen, die uns keineswegs zum Vorteil gereicht.

In diesem Licht ist es interessant festzuhalten, dass das ursprüngliche Yogasymbol des dritten Chakras den Ziegenbock darstellt. Er versinnbildlicht unser Wesen, das ständig darauf drängt, den eigenen Willen durchzusetzen. Schließlich ist der Ziegenbock sehr gut im Stoßen und Schieben und gemessen an seiner Größe äußerst stark. Doch er besitzt auch eine bemerkenswerte innere Ausgeglichenheit und Beherrschtheit, darüber hinaus eine völlig unabhängige Gesinnung, weshalb er sich nicht gerne kommandieren oder abrichten lässt. Er hat seinen eigenen Charakter und lebt ihm gemäß. Folglich führt uns der im Symbol manifestierte tierische Geist des dritten Chakras auf wunderbare Art zu einer gesunden Beziehung mit dessen Energie: nämlich durch Respekt, Ausgeglichenheit und Einklang mit der Natur.

Wir müssen unbedingt einsehen, dass wir, ehe wir körperlich aktiv werden, fast immer unsere Denktätigkeit anregen – zumal solche Gedanken, die die Willenskraft erzeugen, das zu tun, was wir tun möchten. Das heißt, im Gegensatz zu anderen Spezies werden bei uns die von der Kraft des dritten Chakras evozierten Handlungen nicht durch den Instinkt gesteuert, sondern durch jene Gedanken, die wir uns durch den Kopf gehen lassen.

Von Geburt an wird Ihr Bewusstsein durch die Einstellungen und Verhaltensweisen der Eltern und Geschwister, der Lehrer und Mitschüler sowie durch die vorherrschenden Überzeugungen und Ängste Ihrer Kultur geprägt, also zum Beispiel auch durch all die Fernsehsendungen, denen es bislang ausgesetzt war.

▷ Wenn Sie nicht aus der kulturellen »Trance« erwachen und die Gedanken, die Ihnen durch den Kopf gehen, nicht gezielt kontrollieren, wird die Willenskraft des dritten Chakras bei Ihnen eine unbewusste Übernahme der Einstellungen und Ängste der Kultur bewirken, sodass Sie diesen dann Ausdruck verleihen.

Das hier beschriebene PEM-Programm soll Ihnen die geistigen Mittel bieten, die eigene Willenskraft einer bewussten Kontrolle zu unterwerfen. Wir hoffen, Sie gelangen zu der Auffassung, dass für immer mehr Menschen die dringende Notwendigkeit besteht, das mächtige Feuer unten im Bauch zu beherrschen und in die richtigen Bahnen zu lenken. Unsere Herausforderung ist eindeutig – nämlich die Kraft des Ziegenbocks mit dem Mitgefühl unseres Herzens und der Weisheit unserer intuitiven und spirituellen Energiezentren harmonisch zu verbinden.

Zum Glück ist das gar nicht so schwer. Wenn wir lernen, unser gesamtes natürliches Potenzial an synergetischer Intelligenz, Einsicht und Handlung wachzurufen, agieren wir zwangsläufig aus einem tiefen Kern der Weisheit und bringen unsere Willenskraft in einer Weise zum Ausdruck, die nicht nur unser individuelles Leben begünstigt, sondern auch das Wohlergehen unserer Kultur.

Die Beherrschung der persönlichen Kraft

Was also können Sie konkret tun, um Ihre Gedanken in den Griff zu bekommen, damit Sie Ihre persönliche Kraft auf positive Weise zum Ausdruck bringen? Die Antwort auf diese Frage hallt in diesem ganzen Programm wider. Wenn Sie regelmäßig ängstliche, sorgenvolle oder aggressive Gedanken hegen, so laden Sie Ihr drittes Chakra zu stark mit negativer Energie auf, die in all Ihren Handlungen zum Vorschein kommen wird. Und wenn Sie viel Zeit vor dem Fernseher verbringen und die oft grausamen Nachrichten oder Filme voller Gewalt anschauen, dann sollten Sie nicht überrascht sein, dass Ihr drittes Energiezentrum ein einziges Chaos ist. Nicht von ungefähr sagt man: Wie es hereinschallt, so schallt es hinaus.

So gelangen wir erneut zu der Einsicht, dass Sie praktisch in jedem Augenblick – bewusst oder unbewusst – entscheiden, worauf Sie Ihre Aufmerksamkeit richten und welche Reize Sie Ihren inneren Energiezentren übermitteln. Deshalb empfehlen wir eindringlich, jeden Moment genau zu beobachten, was Sie zum Gegenstand Ihres Denkens machen.

▷ Der erste Schritt besteht immer darin, sich der eigenen Gewohnheiten stärker bewusst zu werden und herauszufinden, inwieweit man sein Denken und seine persönliche Kraft gegenwärtig im Griff hat.

Der zweite Schritt zum rechten Umgang mit der persönlichen Kraft beinhaltet, dass man sich über jene möglichen Alternativen klar wird, die einen starken Einfluss darauf haben, wie man sich in seinem Körper fühlt, welche Gedanken einem durch den Kopf gehen und was man genau macht, wenn man zur Tat schreitet. Um Sie bei diesem Schritt zu unterstützen, bieten wir Ihnen eine Reihe von Konzentrationsformeln an, die Sie allmählich in Ihren Gedankenfluss einbringen können und die Ihren Energiezustand eher unterschwellig beeinflussen und verändern.

Wenn Sie zum Beispiel feststellen, dass Sie völlig verstrickt sind in verwirrende Gedanken, die Ihr energetisches Gleichgewicht empfindlich stören, brauchen Sie nur die folgende Konzentrationsformel zu verinnerlichen:»Ich merke, wie die Luft durch meine Nase ein- und ausströmt.« Indem Sie sich diesen Satz vorsprechen und damit den Fokus verlagern, füllen Sie das Bewusstsein mit einer positiven Vorstellung aus, die Ihre Aufmerksamkeit in eine positive Richtung lenkt, wodurch dann all das negative und allzu gewohnte Gerede im Kopf ausgeschaltet wird.

Beachten Sie, dass allein schon die Entscheidung, jene Konzentrationsformel vor sich hin zu sagen, einen bestimmten Willensakt darstellt. Sie tun konkret etwas im Bewusstsein, indem Sie ihm eine Konzentrationsformel eingeben, die Ihre gesamte Aufmerksamkeit neu ausrichtet.

⇨ Wie fühlen Sie sich, wenn Sie Ihr Bewusstsein in dieser Weise steuern? Sind Sie nun bereit, die eigene Willenskraft bewusst unter Kontrolle zu bringen? Würden Sie gerne sicherstellen, dass der Ziegenbock Ihres dritten Chakras in eine Richtung drängt, die mit Ihrer höheren Absicht übereinstimmt? Und wenn ja: Wollen Sie jede Stunde ein paar

Minuten dafür erübrigen, Ihr Denken in Bahnen zu lenken, die für Sie von Vorteil sind?

Machen Sie eine Pause und denken Sie
über die bisherigen Schritte nach.

Die innere »Verbrennungsmaschine«

Die Kraft, die Sie besitzen und von der Sie auf unterschiedlichste Weise Gebrauch machen, wird in Ihrem Körper durch Verbrennung erzeugt. Mithilfe des Verdauungsprozesses gewinnt er Energie und Sauerstoff und verbindet beide so, dass es zu winzigen inneren Explosionen kommt. Diese wiederum erzeugen jene Wärme und Kraft, die Sie brauchen, um lebendig und aktiv zu bleiben. Tatsächlich stehen Sie innerlich unter Feuer, auch wenn es bemerkenswert gut kontrolliert wird.

Wie wir gelernt haben, ist im ersten Chakra hauptsächlich die Schwerkraft wirksam. Im zweiten Energiezentrum besteht die treibende Kraft in der Anziehung der Gegensätze, insbesondere in der sexuellen Anziehung zwischen dem männlichen und dem weiblichen Pol. Beim dritten Energiezentrum geht es vor allem um die durch Verbrennung gewonnene Kraft.

⇨ Während das Potenzial der ersten beiden Chakren als Anziehungskraft spürbar wird, findet beim dritten Chakra eine Explosion statt, die Energie freisetzt. Diese nutzen wir, um unsere Wünsche und Träume zu verwirklichen.

Üblicherweise wird das dritte Chakra als regulierende Kraft aufgefasst, die das Funktionieren der Nebennieren im Bereich des Solarplexus gewährleistet. Das dort abgesonderte Adrenalin ist die Quelle unserer spontanen Energieschübe, sobald wir wütend werden oder Angst haben. Wenn das dritte Chakra zu wenig stimuliert wird, sind die Nebennieren träge, sodass man sich ständig kraftlos fühlt. Darunter leiden die meisten depressiven Menschen; gerade sie werden besonders gut auf ein Programm ansprechen, das dem dritten Chakra mehr Energie zuführt.

⇨ Wenn Sie dagegen das dritte Chakra überreizen, sodass zu viel Adrenalin produziert wird, neigen Sie zur Aggression, eventuell sogar zur Manie, aufgeladen mit explosiver Wut. Indem Sie dann lernen, im dritten Chakra ein energetisches Gleichgewicht wiederherzustellen, gleicht Ihre persönliche Kraft einem harmonischen Fluss, dem Sie vertrauen können.

Sie erreichen diesen ausgeglichenen Zustand durch ein Programm, das Ihre Aufmerksamkeit regelmäßig auf das dritte Chakra lenkt, um so die energetische Homöostase zu bewirken und diese dann mittels kognitiver Eingriffe aufrechtzuerhalten. Und wie bereits gesehen, können Sie zudem immer wieder jene Ganzkörperbewegung und bestimmte Gesangsübungen machen, die ebenfalls zur inneren Balance beitragen.

Darüber hinaus sollten wir hier erwähnen, dass auch die Bauchspeicheldrüse eng mit dem dritten Energiezentrum verbunden ist. Ihre Sekretionen sind wichtig für die Verdauung, und deshalb gehen zahlreiche Verdauungsstörungen auf ein Ungleichgewicht im dritten Chakra zurück. Wenn Sie eine effiziente »Verbrennungsmaschine« sein wollen, ist es absolut notwendig, jeden Tag einige Zeit damit zu verbringen, das dritte Chakra zu achten, zu würdigen und richtig zu behandeln.

LERNEN DURCH TUN

Feuer bedarf des Kohlenstoffs (Erde) und des Sauerstoffs (Luft) in passender Mischung. Die Erde steht in Beziehung zum ersten Chakra und die Luft – wie wir sehen werden – zum vierten Chakra im Herzen. Im dritten Chakra werden diese beiden Elemente kombiniert und durch das dort vorhandene Feuer entzündet.

⇨ Diese aus dem Yoga stammende Auffassung, wie das dritte Chakra mit Energie aufgeladen wird, ist offensichtlich eher eine metaphorische als eine biochemische Beschreibung. Doch aufgrund Ihrer Erfahrung in Bezug auf das Zusammenwirken aller sieben Chakren werden Sie feststellen, dass diese Metapher auf wunderbare Weise hilft, das innere Gleichgewicht herzustellen.

○ *Bewusstseinsübungen: Der richtige Umgang mit der inneren Energieladung*

Wenn Sie sich auf die Energie im dritten Chakra besinnen und merken, dass es allem Anschein nach zu schwach oder zu stark aufgeladen ist, sollten Sie die beiden folgenden, der Yogatradition entnommenen Atemtechniken einüben, die Sie befähigen, Ihren Energiezustand sofort mehr auszugleichen. Beachten Sie auch bei der Anwendung dieser Atemtechniken, dass Sie stets Ihre Willenskraft einsetzen.

⇨ 1. Besänftigen Sie Ihr inneres Feuer (Atemkontrolle)

Falls Sie zu stark aufgeladen sind, müssen Sie die dem inneren Feuer zugeführte Sauerstoffmenge verringern. Das geschieht dadurch, dass Sie ziemlich langsam ausatmen und am Ende den Atem einen Moment anhalten, um dann ziemlich schnell einzuatmen. Diesen Vorgang, bei dem die Sauerstoffzufuhr reduziert wird, wiederholen Sie einige Male. Die spezielle Atemtechnik bewirkt auch eine starke psychische Veränderung, insofern als Sie ruhiger werden und emotional »abkühlen«.

Richten Sie Ihre Aufmerksamkeit auf die Luft, die durch die Nase ein- und ausströmt … sowie auf die Bewegungen in Brust und Bauch, während Sie atmen … Werden Sie sich der Gefühle im Herzen bewusst … Entspannen Sie Zunge und Rachen … und artikulieren Sie deutlich, ob Sie beim Atmen irgendeinen Druck verspüren.

Atmen Sie etwa zehn bis zwanzig Mal in der folgenden Weise:

a) Atmen Sie langsam durch den Mund aus …
b) Halten Sie am Ende den Atem einen Augenblick an …
c) Atmen Sie relativ schnell durch die Nase ein …
d) Atmen Sie erneut langsam durch den Mund aus …
e) Halten Sie am Ende den Atem einen Augenblick an …
f) Atmen Sie schnell und zugleich sacht durch die Nase ein …

Fahren Sie in der gleichen Weise fort.

➪ 2. Entfachen Sie Ihr inneres Feuer (Atemkontrolle)

Falls Sie zu schwach aufgeladen sind, müssen Sie die dem inneren Feuer zugeführte Sauerstoffmenge erhöhen. Das geschieht dadurch, dass Sie ziemlich schnell ausatmen, am Ende überhaupt nicht innehalten, vielmehr sofort langsam und voll einatmen, um schließlich die Luft am Höhepunkt einen Moment anzuhalten. Diesen Vorgang wiederholen Sie einige Male. Die spezielle Atemtechnik bewirkt auch psychische Veränderungen, insofern als Sie innerlich belebt werden und daher energischer auftreten.

Richten Sie Ihre Aufmerksamkeit auf die Atmung – auf die Luft, die durch die Nase ein- und ausströmt – sowie auf die Bewegungen in Brust und Bauch, während Sie atmen … Werden Sie sich der Gefühle im Herzen bewusst … Entspannen Sie Zunge und Rachen … und artikulieren Sie deutlich, ob Sie beim Atmen irgendeinen Druck verspüren.

Atmen Sie etwa zehn bis zwanzig Mal in der folgenden Weise:

a) Atmen Sie relativ schnell durch den Mund aus …
b) Atmen Sie langsam und tief durch die Nase ein …
c) Halten Sie den vollen Atem einen Augenblick an …
d) Atmen Sie erneut relativ schnell durch den Mund aus …
e) Atmen Sie langsam und tief ein …
f) Halten Sie den vollen Atem einen Augenblick an …

Fahren Sie in der gleichen Weise fort.

○ *Kognitive Übungen: Bekunden Sie Ihre Absicht*

Sie können die Wirkung der soeben erlernten Übung noch verstärken, indem Sie bei jedem Atemzug eine bestimmte Konzentrationsformel sprechen.

1. Wenn Sie die Energieladung im dritten Chakra verringern möchten, sagen Sie sich bei jedem Ausatmen den Satz vor: »Ich werde allmählich ruhiger ...« Sobald Sie am Ende des Ausatmens den Atem einen Moment anhalten, können Sie diese gerade artikulierten Worte in Ihrem ganzen Wesen widerhallen lassen. Dadurch bekunden Sie Ihre klare Absicht, und Ihr Körper wie auch Ihre Gefühle werden Sie hören und entsprechend reagieren.

2. Wenn Sie dagegen die Energieladung im dritten Chakra erhöhen möchten, sagen Sie sich bei jedem Einatmen den Satz vor: »Meine persönliche Kraft nimmt zu ...« Sobald Sie am Höhepunkt des Einatmens die Luft einen Moment anhalten, lassen Sie Ihre Absicht durch genau diese Worte zum Ausdruck kommen. Vergessen Sie nicht: Ihre persönliche Kraft ist sowohl eine physische Ladung als auch ein emotionaler Zustand, eine mentale Einstellung und eine bewusste Wahl. Die Konzentrationsformel wird alle vier Dimensionen Ihres Wesens gleichzeitig ansprechen.

Ersinnen Sie Ihre eigenen Konzentrationsformeln. Jene etwa zwei Dutzend Konzentrationsformeln, die Sie im vorliegenden Buch finden, wurden sorgfältig überprüft und ausgesucht; sie sind wohl die wirksamsten und vertrauenswürdigsten Konzentrationsformeln überhaupt. Dennoch ermuntern wir Sie, sich selbst welche auszudenken, die Ihre positive Absicht zu jedwedem Thema deutlich zum Ausdruck bringen.

Kognitive Stichwörter

Um der Erinnerung willen gehen wir rasch jene sieben kognitiven Stichwörter durch, mit denen Sie im vorigen Kapitel bekannt gemacht wurden, die Sie auswendig lernen und sich vorsprechen sollten, wenn Sie die Ganzkörperbewegung ausführen und den Gesang einüben. Diesmal aber nennen Sie nur den Begriff, der sich auf das jeweilige Chakra bezieht, ohne dieses eigens zu erwähnen.

Widmen Sie sich wieder der intensiven Erfahrung mit Ihrem Atem ... Während Sie jedes der folgenden Stichwörter aussprechen, gestatten Sie, dass es Ihre Aufmerksamkeit auf das entsprechende Energiezentrum lenkt:

1. Sprechen Sie sich das Wort »Wurzel ...« vor und lassen Sie zu, dass es Ihre Aufmerksamkeit auf Becken, Beine und Füße richtet – sowie auf das untere Ende der Wirbelsäule.

2. Sagen Sie sich jetzt: »Geschlecht ...«, damit Ihre Aufmerksamkeit höher steigen und auch den Genitalbereich mit einschließen kann, außerdem jede Emotion oder Energie, die Sie an dieser Stelle empfinden.

3. Artikulieren Sie: »Nabel ...«, und gestatten Sie Ihrer Aufmerksamkeit, noch höher zu wandern und das dritte Chakra der persönlichen Kraft in Bauch und Solarplexus einzubeziehen.

4. Sagen Sie sich nun: »Herz ...«, und lenken Sie Ihre Aufmerksamkeit weiter nach oben in den Brust- und Herzbe-

reich. Nehmen Sie die Gefühle in diesem vierten Energiezentrum deutlich wahr.

5. Sprechen Sie dann die Silbe »Kehle …« aus und richten Sie Ihre Aufmerksamkeit auf Mund und Kehle, wo verbales Denken und Kommunikation ihren Sitz haben.

6. Sagen Sie sich: »Brauen …«, und lenken Sie Ihre Aufmerksamkeit auf jenen Punkt hinter den Augenbrauen, auf das Zentrum des Gehirns – also der Intuition und der Kreativität.

7. Sprechen Sie schließlich die Silbe »Kron …« aus, um sanft zuzulassen, dass Ihre Aufmerksamkeit bis zum Scheitel steigt, an jenen siebten Ort, der als das spirituelle und transpersonale Zentrum bezeichnet wird.

Während Sie weiterhin tief atmen und diese Erfahrung genießen, unternehmen Sie den nächsten Schritt und dehnen das Bewusstsein auf alle sieben Energiezentren gleichzeitig aus … Seien Sie sich Ihres ganzen Körpers im jetzigen Augenblick bewusst – von den Unterseiten der Füße bis hinauf zum Scheitel … Atmen Sie in Ihre immer umfassendere Fähigkeit, das gesamte innere Energiesystem als ein ausgeglichenes Ganzes zu begreifen …

Machen Sie eine Pause und vergegenwärtigen
Sie sich Ihre Empfindungen.

○ *Bewegungs- und Gesangsübung*

Nun wollen wir zum dritten Mal die Ganzkörperbewegung
und den Gesang einüben und für dieses dritte Chakra den Laut
der persönlichen Kraft benutzen, nämlich die Silbe »Ram«,
die »Rrrr…aahh…mmmm…« ausgesprochen wird.

Jedes Mal, wenn Sie diese grundlegende Bewegungs- und
Gesangsübung des PEM-Programms in Angriff nehmen, be-
finden Sie sich in einem bestimmten Energiezustand.
Manchmal haben Sie viel Kraft, weshalb Ihre Bewegungen
sicher, Ihre Artikulationen laut und kräftig sind. Dann wie-
der stellen Sie möglicherweise fest, dass Sie kaum genug
Kraft haben, um mit der ersten Bewegung und dem ersten
Gesang überhaupt anzufangen.

Die gute Nachricht ist die, dass die Ganzkörperbewegung
fast immer ziemlich schnell die positive Energieladung in
Ihrem Körper und Ihrer Stimme erhöht. Selbst wenn Sie
sich also zu Beginn eher kraftlos fühlen, vollziehen Sie dieses
Ritual einfach langsam und ruhig; am Ende werden Sie
dann merken, dass Ihnen wesentlich mehr Kraft zur Verfügung steht, als Sie dachten. Diese Bewegungen und Gesänge
befreien Sie von den üblichen emotionalen Verkrampfungen
und erwecken Ihr wahres energetisches Potenzial.

Auf Seite 121 finden Sie erneut die allgemeine Beschreibung
des Bewegungsablaufs, nun verbunden mit der Artikulation
zum Nabelchakra (»Rrrraahhmmmm«):

Durchlaufen Sie diesen Prozess mehrmals. Legen Sie, wenn
möglich, das Buch zur Seite. Erheben Sie sich und schreiten
Sie zur Tat! Singen Sie den »Ram«-Laut bei jedem Ausatmen
und erwecken Sie ihn dabei auch tief im Bauch. Wenn Sie bei

1 Stehen Sie mit herabhängenden Armen ruhig da.

2 Heben Sie die Arme; Hände nah beieinander und Ellbogen nach vorn gestreckt.

3 Strecken Sie sich mit erhobenen Armen so weit wie möglich in die Höhe, Wirbelsäule aufrecht und Knie durchgedrückt.

4 Atmen Sie durch den Mund aus, die Arme zur Hälfte gesenkt und zu beiden Seiten weggestreckt, Handflächen nach oben, Wirbelsäule und Knie halb gebeugt.

5 Wirbelsäule und Knie ganz gebeugt; in dieser Haltung des tiefen Ausatmens hängen Kopf und Arme nach unten.

6 Richten Sie sich zur Hälfte wieder auf, Hände nah beieinander und nach unten hängend; atmen Sie ein und kehren Sie langsam in die aufrechte Position zurück.

Bewegung und Gesang ein leichtes Unbehagen verspüren, so überwinden Sie Ihre Hemmungen, damit Sie sich ein ganzes Leben lang die Kraft und das Vergnügen zunutze machen können, die jene wunderbare Übung Ihnen beschert.

1. Stehen Sie zunächst mit leicht gespreizten Beinen und herabhängenden Armen da; während Sie durch die Nase voll ausatmen, beugen Sie die Knie ein wenig und spannen die Bauchmuskeln an ...

2. Wenn Sie nun ruhig durch die Nase einatmen, führen Sie

die Hände nah aneinander, die Handflächen nach unten, und heben dann langsam Arme und Hände ...

3. Mit gerader Wirbelsäule, die Arme hoch über dem Kopf, ist Ihr Körper so weit wie möglich gestreckt und Ihr Blick geht nach oben; halten Sie die Luft beim Einatmen kurz an, um diese volle Streckung zu genießen ...

4. Beim langsamen Ausatmen durch den Mund fangen Sie an, »Ram« zu singen, während sich Arme und Hände nach unten und nach außen bewegen, mit nach oben zeigenden Handflächen; beugen Sie dann schrittweise Rücken und Knie, derweil die Arme in einer anmutigen Bewegung an die Körperseiten sinken ...

5. Beugen Sie sich immer weiter nach unten, bis Sie keine Luft mehr haben und still werden ... bis Kopf und Arme frei über dem Boden hängen ... und die Lungen völlig leer sind ...

6. Richten Sie sich, durch die Nase einatmend, Arme und Hände nah beieinander, allmählich wieder auf ... Drücken Sie Kreuz und Knie durch ... bis Sie sich schließlich in die Höhe recken und den Blick nach oben richten, während Sie die Lungen ganz mit Luft anfüllen ... um dann auf dem Weg nach unten erneut auszuatmen, »Ram« singend ...

Wiederholen Sie diesen Ablauf einige Male.

Machen Sie eine Pause und sinnen Sie
über Ihre Erfahrungen nach.

4. Die Energie im Herzen verstärken

ALLGEMEINER ÜBERBLICK

Jedes Ihrer sieben Energiezentren hat einen einzigartigen Charakter. Wenn Sie zum Beispiel die Aufmerksamkeit nach unten auf das Sexualchakra richten, werden Sie eine qualitativ andere Erfahrung machen, als wenn Sie sich auf das Kraftzentrum im Bauch oder auf das vierte Chakra im Herzen besinnen. Jedes Zentrum hat seine Eigenart, vermittelt ein bestimmtes Gefühl und dient einem speziellen Zweck. Der vierte Schritt unseres Programms zum inneren Energieausgleich bietet eine täglich anwendbare Methode, mit der Sie jener so wertvollen Erfahrung im Herzbereich teilhaftig werden.

Es handelt sich hier um ein äußerst vielschichtiges Chakra, das aufgrund seiner Lage im Mittelpunkt des Energiesystems besondere Beachtung verdient. Nur wenn die Energieladungen in den unteren drei Chakren mit denen in den drei höheren Chakren richtig aufeinander abgestimmt sind, kann dieses zentrale Herzchakra seine ganze Kraft entfalten.

Obwohl in fast allen Weltreligionen das Herz als ursprüngliche Quelle angesehen wird, nimmt es in gewissen Yogalehren die zweite Stelle nach dem siebten Energiezentrum am Scheitel ein. Im Gegensatz dazu ist für einige hinduistische Schulen, die sich der aufopfernden Fürsorge widmen, das Chakra der Liebe das wichtigste überhaupt. Und sicherlich spielt es auch in der christlichen oder in der muslimischen Tradition die entscheidende Rolle.

Im Rahmen dieses Programms haben wir uns eindeutig dafür entschieden, das Herzchakra als integrative Größe, als Schlüssel zum menschlichen Energiesystem zu betrachten. Zwar verdient jedes der sieben Chakren volle Achtung und Aufmerksamkeit, aber aus zahlreichen psychologischen wie energetischen und spirituellen Gründen steht das Herzchakra mitsamt seiner Strahlkraft unbedingter Liebe im Mittelpunkt des Programms. Wenn die einfühlende Kraft des Herzens die anderen sechs Energiequellen immer wieder miteinander verbinden kann, scheinen wir optimal zu funktionieren – im Hinblick sowohl auf die eigene Person als auch auf das langfristige Überleben unserer Gesellschaft.

In diesem Sinne wird unser PEM-Prozess Ihnen helfen, die Energieladungen der ersten drei Chakren aufeinander abzustimmen und diese gebündelte Kraft dann ins Herz strömen zu lassen, wo sie durch die Macht der Liebe tiefgreifend verändert wird.

⇨ Eben darauf kommt es beim persönlichen Energiemanagement an: Wir müssen ständig das größtmögliche Maß an Einfühlungsvermögen, gegenseitigem Verständnis und Mitgefühl im Herzen fördern und gestatten, dass diese außergewöhnliche Energie die anderen sechs Chakren durchdringt, damit sie regelmäßig gereinigt werden und im Einklang bleiben mit den höchsten Absichten des Herzens.

Sie kennen das aufregende Gefühl, am Arbeitsplatz oder in der näheren Umgebung Menschen zu begegnen, die offenbar ein magisches Charisma haben, weshalb Sie gerne in ihrer Gesellschaft sein und sie bei ihren Tätigkeiten unterstützen möchten. Was Sie zu ihnen hinzieht, ist die geglückte Übereinstimmung all ihrer inneren Energiequellen, die harmonisch verbunden, gereinigt und durch die dynamische Kraft des Mitgefühls zum Ausdruck gebracht werden. Genau das ist der springende Punkt des wahren Energiemanagements.

- *Vierte Möglichkeit, Kraft zu schöpfen:* Öffnen Sie Ihr Herz der Liebe.
- *Ziel:* Aktivieren Sie Ihr ureigenes Charisma.
- *Schlüsselwort:* »Liebe«
- *Konzentrationsformel:* »Mein Herz ist empfänglich dafür, mit Liebe aufgeladen zu werden.«

DIE ALTE WEISHEIT

Vor Beginn des wissenschaftlichen Zeitalters waren die meisten Diskussionen über das vierte Chakra – ja über alle sieben Chakren – in eine metaphorische Terminologie gehüllt. In diesem Abschnitt »Die alte Weisheit«, den jedes Kapitel beinhaltet, benutzen auch wir Metaphern, um auf die dahinter verborgene Wirklichkeit zu verweisen. Derlei im Hinterkopf behaltend, wollen wir uns nun der reizvollen, vielfach erörterten Frage zuwenden, wie jene einzigartige Energie des vierten Chakras als die Macht menschlicher Liebe zum Ausdruck kommt.

Fest steht, dass jedes Körperzentrum eine qualitativ bestimmte Energie erzeugt und ins Leben ausstrahlt. Das Wurzelchakra tief unten im instinktgesteuerten Körperbereich versorgt uns mit der wesentlichen biologischen Ladung, die unsere höher gelegenen Kraftzentren speist. Das Sexualchakra nimmt diese primäre Energie auf und benutzt sie, um die Energie zur Fortpflanzung zu produzieren, die nicht nur neues Leben hervorbringt, sondern auch all unseren schöpferischen Unternehmungen zugrunde liegt. Ähnlich verwandelt das Nabelchakra jene ursprüngliche Lebenskraft in gezielte Absicht und Willensstärke, damit unsere Bedürfnisse befriedigt und unsere Ziele verwirklicht werden. Folglich liefern die ersten drei Chakren die rohe Kraft, auf der die anderen Energiezentren aufbauen.

⇨ Die ersten drei Chakren sind von Natur aus völlig eigennützig, insofern als sie unser Überleben und unseren Erfolg bezwecken. Meistens funktionieren sie durch Instinkt oder programmiertes Verhalten und erfordern daher nur ein sehr geringes Maß an Selbstbewusstheit.

Es sollte noch einmal betont werden, dass sämtliche Tiere auf unserem Planeten diese drei ersten Energiezentren besitzen. Neurologisch betrachtet, werden sie von dem »reptilienartigen« Teil des Gehirns gesteuert. Adler, Chamäleons, Fische und Schlangen sind wunderbare Geschöpfe – und so ist auch die ursächliche Triebkraft unserer ersten drei Chakren wunderbar und zugleich unentbehrlich.

Doch erst wenn wir das vierte Chakra erreichen, kommen wir in jenen besonderen Energiebereich, der uns wahrhaft zu Menschen macht. Gewiss gibt es andere Säugetiere, die tiefe Gefühle empfinden – verbunden mit familiären Beziehungen, Vertrauen und Leidenschaft. Deshalb können wir das Gefühl der Liebe und des Vertrauens zum Beispiel mit einem Hund teilen. Aber wir kennen auch die Grenzen der meisten Säugetiere, sobald es um eine innige Bindung geht. Wir können nicht erwarten, dass unsere Katze oder ein Pferd, eine Kuh, ein Hase eine erfüllte, vom Herzchakra inspirierte Wechselbeziehung mit uns pflegt.

Die Evolution auf diesem Planeten hat über viele Millionen Jahre ein immer umfassenderes Bewusstsein hervorgebracht, und wir Menschen stellen die gegenwärtige Stufe dieser Entwicklung dar. Abgesehen vielleicht von Delphinen und Walen werden wir einfach mit mehr verfügbarer Geisteskraft geboren, dank deren wir uns selbst kennenlernen und in bewussten Kontakt mit der Welt treten können.

In diesem Licht betrachtet, repräsentieren die vier oberen Chakren unsere Fähigkeiten, unbedingte Liebe zu erfahren, anhand von Symbolen logisch zu denken und zu sprechen, das eigene Bewusstsein in den transpersonalen und mystischen Bereich auszudehnen.

Glauben Sie bitte nicht, dass wir die einzigartigen Qualitäten des Bewusstseins, zu denen jede Spezies auf der Erde Zugang hat, in irgendeiner Weise herabmindern. Schließlich scheinen völlige Hingabe und emotionale Bindung, die viele Hunde gegenüber ihrem menschlichen Besitzer empfinden, selbst unsere intensiven zwischenmenschlichen Beziehungen manchmal zu übersteigen. Und wer könnte schon sagen, was sich im Herzen von Füchsen, Tauben, Lachsen und allen anderen lebendigen Kreaturen wirklich abspielt.

⇨ Aber wir wissen sicher, dass unsere menschliche Fähigkeit, die sieben Energiezentren miteinander zu verbinden und daran Freude zu haben, offenbar sehr weit reicht. Zugleich sieht die traurige Wahrheit leider so aus, dass zahllose Menschen durchs Leben gehen, ohne je ihr eigenes Energiepotenzial zu entdecken.

Liebe ist Energie

In diesem Programm wird die Energie des vierten Chakras, die man allgemein als die Kraft der Liebe auffasst, nicht nur als großartige Idee behandelt, sondern vornehmlich als ein tatsächlich vorhandenes energetisches Phänomen. Im weiteren Verlauf dieses Kapitels werden wir die psychologischen und physiologischen Aspekte dieser dynamischen Liebeskraft näher untersuchen. Zunächst jedoch wollen wir die damit verbundenen Weisheiten der Alten etwas eingehender betrachten.

Wenn wir uns geistigen Lehrmeistern und Philosophen wie Laotse, Patanjali, Buddha oder Jesus zuwenden, so stellen wir fest, dass für sie die Liebe zweifellos eine echte, im gesamten Universum wirksame Kraft war. In der Bibel finden wir die erstaunliche Aussage »Gott ist Liebe«, wodurch diese geheimnisvolle Kraft mit nichts weniger gleichgesetzt wird als mit der unendlichen kreativen Kraft, die der Weltschöpfer lenkt und formt.

Dabei sollte man eines nicht vergessen: Bevor Buddha und Jesus den Herzweg des vierten Chakras zu lehren begannen, wurden die obersten Götter der verschiedenen Kulturen jahrtausendelang eher auf die Qualitäten des dritten Chakras als auf die des vierten bezogen. Das Alte Testament zum Beispiel war gewiss mehr an Krieg und Rache orientiert als an Frieden und Liebe. Die Geschichte sämtlicher Zivilisationen bis heute zeigt, dass deren Herrscher hauptsächlich aufgrund einer vom dritten Chakra geprägten Mentalität handelten.

⇨ Einer der wesentlichen Gründe, warum Buddhismus und Christentum zu bedeutenden Weltanschauungen wurden, liegt sicherlich darin, dass sowohl Buddha als auch Jesus von der Möglichkeit sprachen, das Herzchakra zu erwecken und eine höhere, mehr mitfühlende Bewusstseinsebene zu erlangen.

Gewiss führen wir ein erfüllteres, glücklicheres und sinnvolleres Leben, wenn wir lernen, die Macht unserer eigennützigen niederen Instinkte zu transzendieren und unsere Erfahrung tief greifend zu verändern, indem wir die Liebe als tiefstes Gefühl und wichtigsten Daseinszweck bereitwillig annehmen. Die Entscheidung, jene Macht der Liebe in den Vordergrund zu rücken, zeugt von großer Weisheit.

Doch es muss erneut vermerkt werden, dass die Chakren keine voneinander getrennten Einheiten sind. Vielmehr erzeugt gerade ihre geglückte Wechselwirkung das höchste Potenzial. Beispielsweise schrieben wir an früherer Stelle, dass die Kraft des dritten Chakras durch unseren persönlichen Willen zum Ausdruck kommt. Wenn wir vorsätzlich handeln, besteht unsere Absicht eindeutig darin, unsere egoistischen Bedürfnisse und Wünsche um jeden Preis geltend zu machen. Dies ist das charakteristische Kennzeichen des rohen, vom dritten Chakra beeinflussten Verhaltens.

Wenn wir hingegen die Willenskraft des dritten Chakras vor ihrer Umsetzung durch das vierte Chakra fließen lassen, geschieht tatsächlich etwas Bemerkenswertes. Die primäre Energie des Ersteren belebt und kräftigt das Letztere, wobei dieses gleichzeitig unsere persönliche Kraft so umwandelt, dass sie zu einem Ausdruck des Mitgefühls wird. Wie die frühen Lehrmeister sehr wohl verstanden, ist der Fluss und die Wechselwirkung der Energien aus den verschiedenen Chakren nicht bloß eine Metapher, sondern darüber hinaus eine psychische Realität.

Der alten Weisheit zufolge gilt das dritte Chakra als männlich, das vierte Chakra als weiblich. Wenn beide sich verbinden, erzeugen sie eine Kraft, die keines von ihnen allein besitzt. Die menschliche Liebe bedarf der Willenskraft, um Gestalt anzunehmen. Liebe ist nicht nur ein philosophischer oder theologischer Begriff, sondern ein Energiepotenzial, das sich mit unserer persönlichen Kraft vermischt, um leidenschaftliche Wechselbeziehungen zu anderen Menschen herzustellen. Und zweifellos braucht die Liebe ein hohes Maß an Kraft, wenn sie die eigennützigen Verhaltensmuster der unteren Chakren überwinden soll.

⇨ Die rohe sexuelle Energie des zweiten Chakras wird wunderbar transformiert, wenn sie zu der Energie des vierten Chakras aufsteigt, sich in komplementärem Verhältnis mit ihr verbindet und dadurch ermöglicht, dass direkt im Zentrum unserer sexuellen Leidenschaft tiefe und wahre Liebe entsteht.

Achten Sie jedoch bitte darauf, dass diese Verschmelzung von Sexualität und Liebe wie auch von Willenskraft und Liebe nur dann stattfindet, wenn Ihre Aufmerksamkeit auf das Herz gerichtet bleibt. Die ersten drei Energiezentren können völlig unabhängig vom Rest und mit sehr wenig Selbstbewusstheit ihre Funktionen ausüben. Aber sobald das Handeln aus dem vierten Chakra heraus erfolgt, gelangen wir in einen Bereich, wo die in jedem Augenblick bewusst getroffenen Entscheidungen, worauf wir unsere Aufmerksamkeit richten, auch maßgeblich dafür sind, inwieweit die Macht der Liebe unser Leben beeinflusst.

Obwohl Buddha, Jesus und unzählige andere geistige Lehrmeister diese grundlegende Wahrheit des Herzens verkündeten, scheint die Weltzivilisation Jahrtausende zu brauchen, um sich von dem Bewusstseinszustand und dem daraus resultierenden Verhalten des dritten Chakras zu dem des vierten Chakras zu entwickeln. Selbst heute, ja im jetzigen Augenblick, trägt jeder von uns zu dieser globalen Entwicklung in Richtung einer sinnvolleren Anwendung des inneren Energiepotenzials bei. Mit der Teilnahme am PEM-Programm tun Sie das Ihre, und jeder solche Schritt ist für die Weiterentwicklung unserer Spezies von höchster Bedeutung.

○ *Schulung der Aufmerksamkeit*

Es ist an der Zeit, von der Diskussion über das vierte Chakra ein wenig Abstand zu nehmen, damit Sie Ihre Aufmerksamkeit auf die konkrete Erfahrung richten können, die all diesen Vorstellungen zugrunde liegt.

1. WURZELCHAKRA: Konzentrieren Sie sich auf die Luft, die durch die Nase ein- und ausströmt … sowie auf die Bewegungen in Brust und Bauch … Achten Sie auch genau auf Becken, Beine und Füße … und die Erde darunter …

2. SEXUALCHAKRA: Gestatten Sie, dass Ihre Aufmerksamkeit sich weiter ausdehnt … und lassen Sie sie nun in den Genitalbereich aufsteigen … Empfinden Sie unmittelbar Ihre gegenwärtige sexuelle Energie und stellen Sie fest, ob sie zu schwach oder zu stark ist … Akzeptieren Sie einfach ohne jedes Urteil, was Ihnen auffällt …

3. NABELCHAKRA: Erlauben Sie diesen beiden verbundenen Energien, nach oben in den Bauch zu strömen und dort mit Ihrer momentanen Ladung an persönlicher Kraft

zu verschmelzen … Fühlen Sie, wie Ihr Atem tief in den Bauch ausstrahlt … Genießen Sie Ihre eigene ursprüngliche Energie …

4. HERZCHAKRA: Lassen Sie jetzt Ihre Aufmerksamkeit in die Kraft und die Herrlichkeit des Herzens aufsteigen … Nehmen Sie die Gefühle wahr, die in dessen Bereich gerade besonders spürbar sind … Versenken Sie sich in sie … Öffnen Sie Ihr Herz für eine neue Erfahrung …

5. ALLE BISHERIGEN CHAKREN ZUSAMMEN: Gestatten Sie nun Ihrer Aufmerksamkeit, sich mühelos auszudehnen und alle vier Energiezentren gleichzeitig mit einzubeziehen … »Wurzel« … »Geschlecht« … »Nabel« … und »Herz« … Atmen Sie während der nächsten Augenblicke einfach in jede neue Erfahrung hinein, die Ihnen zuteil wird …

*Machen Sie eine Pause und vergegenwärtigen
Sie sich Ihre Erfahrungen.*

PSYCHOLOGISCHE EINSICHTEN

Sprechen wir zunächst darüber, an welcher Stelle im Körper das vierte Energiezentrum liegt. Natürlich wissen Sie, wo sich Ihr Herz befindet. In den traditionellen Yogalehren und -übungen aber war der Sitz des Herzchakras nicht im Herzen selbst, sondern in der Mitte der Brust. In neurologischer Hinsicht macht das durchaus Sinn, denn die Nervenknoten des Rückenmarks verdichten sich in der Mitte der Wirbelsäule.

Doch was unsere emotionale Erfahrung der Liebe betrifft, so empfinden wir sie am stärksten an den Muskeln und Nervenenden des Herzens. Medizinische Untersuchungen haben gezeigt, dass die Gefühle, die wir im Herzen spüren, eindeutig physiologische Ereignisse in der Herzgegend sind. Deshalb ist es bezüglich des vierten Energiezentrums am besten, ihm sowohl den Brustbereich als auch das Herz zuzuordnen.

Die Besinnung auf das Herzchakra

Eine der nützlichsten Methoden, sich des vierten Chakras bewusst zu werden, ist die folgende:

Ob Sie liegen, sitzen oder stehen – konzentrieren Sie sich zunächst auf Ihre Atmung … Vielleicht schließen Sie dabei die Augen und sagen sich: »Mein Herz ist offen, um zu empfangen …« Beim nächsten langsamen Einatmen bewegen Sie Arme und Hände so weit nach außen, bis sie im rechten Winkel zum Körper stehen. Genau in dessen Mitte, zwischen den Armen und Händen, fühlen Sie die Gegenwart Ihres Herzens. Machen Sie diese Übung mehrmals im Laufe des Tages, um einen guten, engen Kontakt zum Herzen aufrechtzuerhalten.

Machen Sie eine Pause und vergegenwärtigen
Sie sich Ihre Erfahrungen.

• •

Das vierte Element

Im vorhergehenden Kapitel sprachen wir darüber, wie unsere persönliche Kraft erzeugt wird, nämlich durch das Feuer des dritten Chakras, das die Erde oder den Kohlenstoff des ersten Chakras zusammen mit der Luft des vierten Chakras entzündet. Dieser Verbrennungsprozess beginnt im Bauch, genauer ausgedrückt im Verdauungssystem. Doch es sind Herz und Lunge im vierten Chakra, die unserem Energiesystem das wesentliche Element Luft zuführen. Das ist einer der Gründe, warum die Konzentration auf die eigene Atmung eine so starke Wirkung hat. Sie merken, wie die Luft durch die Nase tief in die Lungen strömt, wo sie in den Blutkreislauf gelangt, zum Herzen und schließlich an jede Körperstelle gepumpt wird, die der Energie bedarf. Jeder neue Atemzug ist eine intensive Erfahrung jenes Prozesses, der sowohl Ihren Körper am Leben erhält als auch Ihren Handlungen Kraft verleiht.

Im hinduistischen Sanskrit lautet das Wort für Luft *prana*. Die alten Yogameister betrachteten dieses *prana* als eine der wichtigsten Dimensionen des Lebens überhaupt. Den Upanischaden zufolge bedeutet *prana* »eine in sich gleichförmige Einheit, gegenwärtig in jedem Körperteil. Es ist die feinstoffliche, unsichtbare, alles durchdringende göttliche Energie des ewigen Lebens. Selbst unsichtbar, verwirklicht es seine Werke. Es bestimmt bei allen belebten Geschöpfen über Geburt, Wachstum und Verfall«. Diese vorwissenschaftliche Betrachtungsweise zeugt von einer bemerkenswerten Scharfsinnigkeit.

⇨ Heute wissen wir, dass jene göttliche Energie das lebenswichtige Element Sauerstoff darstellt. Obwohl wir glauben, den Prozess, durch den unser Körper Erde und Luft in Feuer verwandelt, wissenschaftlich vollständig zu begreifen, bleibt er doch auf tieferen Ebenen – in den subatomaren Bereichen – von einem Geheimnis umgeben.

Immerhin erkennen wir, dass wir mit jedem neuen Atemzug am Geheimnis des menschlichen Energiesystems teilhaben. Sie können Ihr Bewusstsein für das biologische Wunder der inneren Verbrennungsmaschine regelmäßig schärfen, indem Sie die folgende Atemübung aus dem Yoga machen:

Beginnen Sie damit, noch während Sie diese Zeilen lesen … Richten Sie Ihre Aufmerksamkeit auf die Atmung … Spüren Sie, wie die Luft durch die Nase ein- und ausströmt … Seien Sie sich auch der Luft ringsum bewusst … und der Bewegungen tief unten im Bauch … Atmen Sie langsam aus, bis Sie keine Luft mehr in sich haben … Halten Sie in diesem Zustand den Atem für einen langen Augenblick an …

… Fühlen Sie den Druck, der im Innern entsteht, besonders in Solarplexus und Zwerchfell … um dann erneut einzuatmen und weiterzuleben … Geben Sie jetzt diesem mächtigen Drang nach und lassen Sie die Luft voll durch die Nase einströmen … Genießen Sie das Einatmen … Wiederholen Sie den Vorgang drei bis sechs Mal bei jedem Atemzug …

Machen Sie eine Pause und denken Sie über
Ihre diesbezüglichen Erfahrungen nach.

Die Macht der Bejahung

Soeben haben wir erörtert, wie der menschliche Körper jene Energie erzeugt, die unser biologisches Leben in Gang hält. Zoologische Studien belegen, dass sämtliche Tiere auf der Erde über ein hohes Maß an Energie verfügen, um ihr tägliches Leben zu meistern und jeder Herausforderung zu begegnen. In dieser Hinsicht sind Menschen ihnen sehr ähnlich. Wir besitzen viel überschüssige Energie, ja wir sind dazu geschaffen, weitaus mehr physische Kraft aufzuwenden, als wir in unserem modernen Leben einsetzen.

Warum ist es dann so, dass zahlreiche Menschen offenbar kaum genug persönliche Kraft haben, um auch nur den kommenden Tag zu bewältigen? Fast jeder greift morgens zu einer Tasse Kaffee oder Tee, zur Coca-Cola oder einem anderen legalen Aufputschmittel. Trotzdem schleppen sich nicht wenige von uns durch den Alltag, jener angemessenen Energie ermangelnd, die echten inneren Antrieb und Erfolg gewährleistet.

Die Antwort auf dieses Drama liegt natürlich nicht im physiologischen, sondern im psychologischen Bereich. In der Kindheit werden wir mit verschiedenen Überzeugungen und Einstellungen hinsichtlich unserer Person »programmiert«, außerdem erben und entwickeln wir bestimmte Hemmungen, die unsere Energiereserven ernsthaft beschränken und verunstalten. Diese beengenden Überzeugungen und Einstellungen behalten wir dann oft ein Leben lang bei, indem wir genau solche Gedanken hegen, die sie immer wieder bestätigen.

Wenn Sie zum Beispiel von Ihrem Vater die Einstellung übernommen haben, dass die berufliche Arbeit eine einzige Schinderei ist, werden Sie sich wahrscheinlich jeden Tag nur mit größter Mühe zur Arbeit begeben. Oder Sie sind in einer sehr ängstlichen Familie aufgewachsen, mit Eltern, deren Gedanken ständig von Sorgen erfüllt waren, und so haben auch Sie als Erwachsener den Kopf voller Sorgen, die Ihren Körper in einem fort auslaugen.

Fast alle Gefühle entziehen Ihrem Organismus Energie. Chronische Angst und Sorge führen sicherlich dazu, dass Sie geschwächt und niedergeschlagen sind. Häufige Anfälle von Aggression und Feindseligkeit haben genau den gleichen Effekt, ebenso wie Verzweiflung und Depression. Selbst die sogenannten positiven Gefühle freudiger Erregung oder gespannter Erwartung bewirken eine drastische Senkung Ihres Energieniveaus.

Andererseits gibt es gewisse Gefühle, die Ihnen ermöglichen, den Organismus mit frischer Kraft aufzuladen und günstig zu beeinflussen. Wenn Sie sich zum Beispiel sicher, zufrieden und entspannt fühlen, verbrauchen Sie nur wenig Energie und können die inneren Reserven aufstocken. Ein ähnlicher Regenerationsprozess findet statt, wenn Sie sich geliebt und mit den Menschen ringsum in Einklang fühlen, wenn Sie offen sind für neue Erfahrungen.

⇨ Falls Sie bei Ihren Tätigkeiten meistens in den vom dritten Chakra hervorgerufenen Konkurrenzkämpfen und Manipulationen gefangen sind, werden Sie reichlich Energie verbrauchen, weil Sie andere Menschen dazu zwingen wollen, Ihren Willen zu erfüllen. Handeln Sie dagegen aufgrund der Prinzipien Mitwirkung und Zusammenarbeit, die das vierte Chakra nahelegt, werden Sie feststellen, dass Sie sich viel weniger verausgaben.

Wichtig ist, dass Sie immer deutlicher die Entscheidungen erkennen, die Sie in jedem Augenblick auf psychischen Ebenen treffen, zumal hinsichtlich der Gedanken, an denen Sie krampfhaft festhalten. Vielleicht verstehen Sie die ganze Problematik am besten, indem Sie sich klarmachen, dass das dritte Energiezentrum hauptsächlich durch selbstbezogene Urteile zur Wirkung kommt, das vierte Energiezentrum vor allem durch einfühlende Bejahung.

Sie werden Folgendes merken: Wenn Sie in die vom dritten Chakra verursachten Konkurrenzkämpfe und Manipulationen verstrickt sind, verbirgt sich dahinter die Annahme, es gebe für Sie nicht genug, um über die Runden zu kommen, Sie seien besser als die anderen, Sie müssten sich gewaltsam einen Weg bahnen. Diese Einstellung verzehrt dann ständig Ihre Energie. Wenn Sie sich dagegen zur Mitwirkung und Zusammenarbeit im Zeichen des vierten Chakras entschließen, gehen Sie innerlich davon aus, dass es sehr wohl genug für Sie gibt, dass Sie den anderen ebenbürtig sind und mit ihnen auf ein gemeinsames Gut hinarbeiten können. Mit dieser tief empfundenen, aufrichtigen Einstellung werden Sie viel weniger Energie verbrauchen, aber bestimmt wesentlich mehr leisten.

So erkennen Sie aufgrund eines einfachen und pragmatischen Verständnisses vom persönlichen Energiemanagement, wie lohnend es ist, sich mehr auf das Herzchakra zu besinnen. In unseren früheren Büchern – etwa *Mind-Management: das Praxisbuch* – haben wir die Frage nach der Beherrschung der eigenen Gedanken und Gefühle eingehend untersucht. Bei der PEM-Methode wollen wir lediglich dafür sorgen, dass Ihnen bewusst wird, welch großen Wert es hat, die Aufmerksamkeit gezielt in Richtung des Herzchakras zu lenken, damit Sie Ihre persönliche Kraft ausbalancieren und transformieren können.

Die Denkweise, die sich aus dem dritten Chakra ergibt, beruht oft auf alten Annahmen und Einstellungen, die im gegenwärtigen Leben nicht unbedingt realistisch sind. Daher bekämpfen und manipulieren Sie am Ende die Wirklichkeit, statt sie anzunehmen und aktiv an ihr teilzuhaben.

⇨ Sobald Sie das vierte Chakra der Liebe und der Bejahung in Ihr Bewusstsein mit einschließen, unterhalten Sie intensivere, vernünftigere und harmonischere Wechselbeziehungen zur äußeren Welt.

Deshalb empfehlen wir Ihnen, dieses Kapitel und dieses Energiezentrum sehr ernst zu nehmen und ihm regelmäßig noch mehr Beachtung zu schenken.

Verbindung der Chakren durch die Hände

Es ist nun an der Zeit, eine äußerst wirksame Methode einzuführen, die Sie schnell und auf angenehme Weise dazu ermutigt, ein gesünderes Gleichgewicht in Ihrem Energiesystem herzustellen. Zunächst denken Sie vielleicht, sie sei allzu vereinfachend und daher ohne Wert, aber schon bald werden Sie feststellen, dass genau das Gegenteil zutrifft. Diese Methode, von uns »Verbindung der Chakren durch die Hände« genannt, bildet einen grundlegenden Bestandteil des PEM-Programms, eben weil sie sehr nachhaltig und zugleich so erholsam und befriedigend ist.

Wie der Name der Übung schon andeutet, werden Sie beide Hände benutzen, um die sieben Energiezentren zu einem integralen Ganzen zu verbinden. Normalerweise liegen

Sie dabei mit dem Rücken auf dem Boden, doch Sie können diese Technik auch im Sitzen erfolgreich anwenden.

Neurologische Untersuchungen am Gehirn haben erwiesen, dass dort ein beträchtlicher Teil des sensorischen Bereichs für die Hände zuständig ist. Anders ausgedrückt: Sie haben in Händen und Fingern zahlreiche Nervenenden und sind deshalb imstande, Ihre Aufmerksamkeit gezielt in beide Hände zu lenken.

⇨ Wenn Sie die Aufmerksamkeit ebenso schnell wie gründlich auf eines der Energiezentren richten wollen, erreichen Sie dies am besten dadurch, dass Sie eine Hand (oder beide) darauf legen. Und wenn Sie zwei Energiezentren verbinden möchten, so legen Sie die eine Hand auf dieses, die andere Hand auf jenes.

Eine interessante Beobachtung hinsichtlich der beiden Hände ist die, dass Ihre Arme, wie wir bereits festgestellt haben, aus dem Zentrum des vierten Chakras hervorgehen. Das heißt, wenn Sie mit der Hand etwas bewusst berühren, berühren Sie es mittelbar mit dem Herzen. In dem Maße, wie Sie das Herzchakra deutlicher wahrnehmen, erfahren Sie zugleich Ihre Berührung umso intensiver. Im Augenblick ermuntern wir Sie nur dazu, diesen Tastsinn, der vom Herzen durch die Schultern in Arme und Hände ausströmt, stärker zu beachten und dadurch einen engen Kontakt sowohl mit der Welt ringsum als auch mit Ihrem eigenen Körper herzustellen.

○ *Bewusstseinsübung: Verbindung der Chakren*
  durch die Hände

Hierbei werden wir beide Hände um das dritte Chakra legen – die linke Hand auf die Stelle etwas links vom Bauchnabel, die rechte auf den Solarplexus weiter oben und etwas
rechts von der Mitte. Das ist eine Variation der traditionellen Yogatechnik, und Sie werden merken, dass diese durch
und durch Sinn macht. Fangen wir an und erforschen wir
den Vorgang, damit Sie am eigenen Leib spüren können, wovon wir eigentlich sprechen.

1. Während Sie diese Zeilen lesen, legen Sie eine Hand oder
   beide Hände auf den Herzbereich … Beachten Sie dabei
   genau Ihre Atmung … und wie Sie durch die dort plat-
   zierte Hand Ihr Herz stärker wahrnehmen …

2. Bewegen Sie jetzt die linke Hand nach unten und legen
   Sie sie auf den unteren Bauchbereich, etwas links vom
   Nabel … und die rechte Hand auf den Solarplexus, etwas
   rechts von der Mitte … Entspannen Sie sich einfach und
   atmen Sie in diese »Hülle« um das dritte Chakra …

3. Empfinden Sie nun die Veränderung der tief inneren Gefühle, während Sie die rechte Hand auf dem Solarplexus
   belassen, die linke Hand nach oben bewegen und auf das
   Herz legen, etwas links von der Mitte … Seien Sie sich
   beider Hände sowie Ihrer Atmung gleichzeitig bewusst …
   Sprechen Sie die Worte: »Kraft und Herz vereint …«, und
   seien Sie offen für eine neue Erfahrung.

Machen Sie eine Pause und vergegenwärtigen
Sie sich Ihre Erfahrungen.

Offen sein, um zu empfangen

Von den ersten Seiten dieses Kapitels ist Ihnen sicherlich noch im Gedächtnis, dass die Konzentrationsformel für das vierte Energiezentrum lautet: »Mein Herz ist empfänglich dafür, mit Liebe aufgeladen zu werden.« Beachten Sie dabei Folgendes: Wie jede der sieben Konzentrationsformeln zum inneren Energiemanagement erfüllt auch diese mehrere Zwecke gleichzeitig. Indem Sie die Worte »Mein Herz« aussprechen, lenken Sie Ihre Aufmerksamkeit spontan zum Herzen und erreichen so bereits eines unserer wichtigsten Ziele.

Außerdem verdeutlichen Sie durch den Satz »Mein Herz ist empfänglich …« eine ursprüngliche Absicht: nämlich mit offenem – statt mit verschlossenem – Herzen auf das Leben zuzugehen. Bitte vergessen Sie nicht: Die Konzentrationsformeln sind in keiner Weise als Forderungen aufzufassen, dass die Wirklichkeit sich ändern müsse, um Ihren egoistischen Wünschen gerecht zu werden. Vielmehr bekunden Sie die Absicht, Ihre persönliche Situation einer realistischen Neuorientierung zu unterziehen – hin zu einem Leben, das Sie mit einem immer offeneren Herzen führen.

⇨ Schließlich ermöglicht diese Konzentrationsformel den letzten Schritt, indem sie Ihre Absicht zum Ausdruck bringt, Einfühlungsvermögen und Mitgefühl im Herzen zu verstärken. Sobald Sie dann sagen: »Mein Herz ist empfänglich dafür, mit Liebe aufgeladen zu werden«, hallen die Worte in Ihrem ganzen Wesen wider und weisen Ihnen den Weg zur Verwirklichung dessen, was Sie verbalisiert haben.

Wie die meisten Therapeuten, spirituellen Ratgeber und selbst Durchschnittsbürger aus Erfahrung wissen, gehen viele von uns oft mit einem verschlossenen Herzen umher. In diesem Zustand ist das vierte Chakra natürlich ständig zu schwach aufgeladen. Unserer Meinung nach wird dieses Übel am wirksamsten und am schnellsten behoben, indem man seine liebevolle Aufmerksamkeit regelmäßig auf das Herz richtet und die Absicht bekundet, die Energieladung dort zu erhöhen.

⇨ Welches Gefühl haben Sie, wenn Sie sich jene Worte vorsagen? Sind Sie offen genug, um ein höheres Maß an Mitgefühl, bejahender Einstellung und Bereitschaft zur Zusammenarbeit im Herzen zu empfangen? Denken Sie über diese Fragen unbedingt nach – in der Gewissheit, dass fast alle von uns zumindest manchmal das Herz verschließen und darauf hinarbeiten, mehr im Herzen zentriert zu sein.

Machen Sie eine Pause, um sich die bisherigen
Schritte noch einmal durch den Kopf gehen zu lassen.

LERNEN DURCH TUN

Nun haben wir den Punkt erreicht, wo wir mit vier der sieben Energiezentren im Körper beschäftigt sind. Um das vorliegende Kapitel zu beenden, wollen wir gründlich die wichtigsten Methoden untersuchen, diese Chakren miteinander in Einklang zu bringen. Zuerst widmen wir uns erneut der Schulung der Aufmerksamkeit mithilfe der Hände, dann der kognitiven Übung anhand der Konzentrationsformel und schließlich der Bewegungs- und Gesangstechnik, um alle vier gelernten Laute zu benutzen und in einen einzigen fließenden Prozess einzubinden.

○ *Bewusstseinsübung unter Einbeziehung der Hände*

Im idealen Fall halten Sie mindestens zweimal täglich inne, vielleicht morgens gleich nach dem Aufwachen, wenn Sie noch im Bett sind, und dann abends kurz vor dem Einschlafen, wenn Sie sich bereits hingelegt haben. Sie werden merken, dass diese kurze Unterbrechung auch zu jeder anderen Tageszeit wunderbar erfrischend und erholsam ist. Sie brauchen sich nur für einige kraftspendende Minuten auf einem Teppich oder einer Decke auszustrecken.

Falls das nicht sofort möglich ist, lesen Sie diese Passagen durch und stellen sich vor, sie in die Praxis umzusetzen. Im Laufe des Tages wiederholen Sie dann den Ablauf, bis er Ihnen völlig selbstverständlich ist.

1. Legen Sie sich rücklings bequem auf den Boden oder das Bett. Richten Sie die Aufmerksamkeit zuerst auf die Luft, die durch die Nase ein- und ausströmt ... dann auf die mühelosen Bewegungen in Brust und Bauch, während Sie ruhig weiteratmen ... schließlich auf das Herz, sodass Sie mit allen dort vorhandenen Gefühlen übereinstimmen ... Gestatten Sie jetzt Ihrem Bewusstsein, sich noch weiter auszudehnen und sämtliche Körperbereiche gleichzeitig zu erfassen, hier, in diesem Augenblick ...

2. Lenken Sie Ihre Aufmerksamkeit nun besonders auf die Hände ... Um das Gefühl des Verwurzeltseins sowohl im ersten Chakra wie auch in der Erde deutlich zu empfinden, legen Sie sie beidseits des Körpers mit den Handflächen nach unten auf den Boden oder das Bett ... Nehmen Sie auch Becken, Beine und Füße deutlich wahr ... im Kopf das Wort »Wurzel« ...

3. Während Sie die linke Hand ruhen lassen, heben Sie sanft die rechte Hand und legen sie auf den Genitalbereich … Seien Sie sich beider Hände bewusst … Atmen Sie in jede Empfindung, die sich spontan ergibt, und richten Sie die Aufmerksamkeit auf beide Chakren gleichzeitig … Sagen Sie leise: »Wurzel und Geschlecht vereint …«

4. Heben Sie jetzt die linke Hand, um sie auf den unteren Teil Ihres Kraftzentrums nahe dem Bauchnabel zu legen … Seien Sie sich der rechten Hand auf dem Sexualchakra und der linken Hand auf dem Nabelchakra bewusst … Holen Sie einige Male tief Luft, um in jede Empfindung zu atmen, die gerade auftaucht, während Sie sich auf diese beiden Zentren gleichzeitig konzentrieren … Sprechen Sie die Worte aus: »Geschlecht und Kraft vereint …«

5. Nun bewegen Sie die rechte Hand zum Solarplexus, ihrer ebenso gewahr wie der linken Hand auf dem Zentrum persönlicher Kraft … Erfahren Sie die natürliche, mühelose Verbindung zwischen der rohen, instinktiven Kraft tief unten im Bauch und der verfeinerten Willenskraft im Solarplexus …

6. Legen Sie schließlich die linke Hand auf das Herz … Atmen Sie in die Empfindung Ihrer vom Willen gesteuerten Kraft im dritten Chakra, die mit dem Mitgefühl und der unbedingten Liebe des vierten Chakras verschmilzt und dadurch gereinigt wird … Sagen Sie: »Kraft und Liebe vereint …« Konzentrieren Sie sich weiterhin für einige Augenblicke – oder so lange, wie Sie diese Erfahrung genießen – auf beide Hände … auf Ihre Atmung … sowie

auf Ihren ganzen Körper im Ruhezustand, der sich mit
Energie auflädt und den Moment auskostet …

*Machen Sie eine Pause und vergegenwärtigen
Sie sich Ihre Erfahrungen.*

● ●

○ *Kognitive Übung: Inneres Gleichgewicht und neue Kraft
durch Konzentrationsformeln*

Wiederholen wir alle bisherigen Lektionen, um auf dieser
Grundlage spezielle Stichwörter zu benutzen, die unser Bewusstsein der Chakren vertiefen und eine energetische Homöostase bewirken. Gehen wir also noch einmal jene vier
Konzentrationsformeln durch, die unser persönliches Energieprofil hervortreten lassen und ausgleichen.

1. WURZELCHAKRA: Ob Sie liegen, sitzen, stehen oder gehen – richten Sie Ihre Aufmerksamkeit auf das erste Energiezentrum … Seien Sie sich der Füße bewusst, die mit
   der Erde fest verbunden sind … der Beine und Knie, die
   mit ihrer ureigenen Kraft Sie überallhin tragen … sowie
   des Beckens, wo die Beine sich treffen, um das Fundament
   Ihres Körpers zu bilden … Um Ihre positive Absicht hinsichtlich des ersten Chakras zu bekunden, sagen Sie sich
   die folgende Konzentrationsformel vor:

   *»Ich fühle mich in Becken, Beinen und Füßen
   fest verwurzelt …«*

2. SEXUALCHAKRA: Während Sie weiterhin der instinktiven Kraft tief unten im ersten Chakra gewahr sind, deh-

nen Sie Ihre Aufmerksamkeit bereitwillig aus, damit diese auch die einzigartige energetische Gegenwart Ihres Genitalbereichs mit einschließt … Atmen Sie ohne urteilende oder ängstliche Gedanken über Ihre Sexualität in jedwede sexuelle Energie oder Empfindung, die Sie dort verspüren … Zur Bestätigung Ihrer positiven Absicht, die sexuelle Energie voll zu genießen, sprechen Sie, damit diese ausgeglichen und strahlend bleibt, folgende Konzentrationsformel aus:

»Ich genieße meine sexuelle Energie …«

3. NABELCHAKRA: Nach wie vor auf die beiden ersten Energiezentren fixiert, lassen Sie zu, dass Ihre Aufmerksamkeit nun auch das dritte Chakra im Bauch und um den Solarplexus einbezieht … Atmen Sie langsam aus und halten Sie die Luft kurz an … Atmen Sie dann kraftvoll durch die Nase ein … Fühlen Sie, wie die Energien in all diesen drei Chakren harmonisch zusammenwirken und sich ausgleichen … Sagen Sie zu sich selbst:

»Meine persönliche Kraft fühlt sich gut und
ausgeglichen an …«

4. HERZCHAKRA: Richten Sie Ihre Aufmerksamkeit voll und ganz auf das Zentrum im Herzen … Spüren Sie, wie die Atmung in Brust und Bauch von selbst geschieht … Öffnen Sie Ihr Herz der Liebe und angenehmen Gefühlen … Empfinden Sie im Herzen die Liebe, die sich mit den Energien der unteren drei Chakren vermischt und sie umwandelt … Bekunden Sie jetzt Ihre klare Absicht, die Liebe als das Wichtigste überhaupt anzusehen:

>> *Mein Herz ist empfänglich dafür, mit Liebe*
aufgeladen zu werden ...«

5. ALLE VIER CHAKREN ZUSAMMEN: Gewähren Sie Ihrem Bewusstsein jetzt vollkommene Ruhe, während Sie sich gleichzeitig auf die Atmung, das Herz und den ganzen Körper konzentrieren ... während der Organismus sich entspannt und Ihre Energien ins Gleichgewicht bringt, sie gegebenenfalls hier erhöht, dort vermindert ... Sprechen Sie sich den Satz vor:

>> *Ich fühle mich ausgeglichen und stark* ...«

Machen Sie eine Pause und vergegenwärtigen
Sie sich Ihre Erfahrungen.

○ *Bewegungs- und Gesangsübung*

Widmen wir uns im Rahmen dieses PEM-Programms nun zum vierten Mal der Ganzkörperbewegung und der Gesangsübung. Hoffentlich lernen Sie die einzelnen Positionen dieser Bewegung allmählich auswendig. Da Sie sie für alle sieben Chakren und die dazugehörigen Gesänge ausführen, werden Sie merken, dass Sie sich ihre vielfältigen Kräfte immer mehr zunutze machen.

Zum Beispiel können Sie Ihren Körper insbesondere durch tiefes Atmen schnell mit neuer Kraft aufladen. Die Ganzkörperbewegung veranlasst Sie auf natürliche Weise, kräftig durch die Nase einzuatmen, während Sie sich aufrichten und die Hände über den Kopf heben. Außerdem hilft sie

Ihnen in hohem Maße, die Brust auszudehnen und tief Luft zu holen.

Wenn Sie dann langsam und kräftig ausatmen, dabei die betreffende Silbe artikulieren und sich gleichzeitig nach vorn und nach unten beugen, beleben Sie die Kraft im Bauch, eben weil die Luft aus den Lungen gepresst wird.

In dieser Stellung sind Sie für einen Augenblick ohne Luft, wodurch jener erstaunliche Reflex des Einatmens ausgelöst wird, der tatsächlich den Kern Ihrer Lebenskraft bildet. Die gleiche Bewegung wiederholen Sie bei jedem Chakra. Das Ergebnis der tiefen, intensiven Atmung wird nach dem siebten Mal hintereinander wirklich bemerkenswert sein.

Es folgt erneut die allgemeine Beschreibung des Bewegungsablaufs, damit Sie ihn sich noch besser einprägen können. Die dem Herzchakra zugeordnete Silbe lautet »Yam«, ausgesprochen »Jaahhh…mmmm…«. Sie werden feststellen, dass dieser Laut heftig mitten im Herzen vibriert!

1 Stehen Sie mit herabhängenden Armen ruhig da.

2 Heben Sie die Arme, Hände nah beieinander und Ellbogen nach vorn gestreckt.

3 Strecken Sie sich mit erhobenen Armen so weit wie möglich in die Höhe, Wirbelsäule aufrecht und Knie durchgedrückt.

5 Atmen Sie durch den Mund aus, die Arme zur Hälfte gesenkt und zu beiden Seiten weggestreckt, Handflächen nach oben, Wirbelsäule und Knie halb gebeugt.

6 Wirbelsäule und Knie ganz gebeugt; in dieser Haltung des tiefen Ausatmens hängen Kopf und Arme nach unten.

7 Richten Sie sich zur Hälfte wieder auf, Hände nah beieinander und nach unten hängend; atmen Sie ein und kehren Sie langsam in die aufrechte Position zurück.

Auf diese Weise lernen Sie, die Aufmerksamkeit so auszudehnen, dass sie die folgenden fünf Aspekte der Ganzkörperbewegung gleichzeitig mit einschließt. Doch vergessen Sie nicht: Es braucht einige Wochen, um tatsächlich in diesen integralen Bewusstseinszustand zu gelangen. Nehmen Sie sich Zeit, und sorgen Sie dafür, dass Sie es stets genießen, jene Geheimnisse zu erforschen, die sich durch die Wiederholung dieser Bewegung auftun. Entscheidend ist:

- das Gefühl körperlicher Ganzheit, während Sie die volle Bewegung mehrmals ausführen und mit den Händen jedes der Energiezentren berühren;
- die Schwingung des Lautgesangs, die Sie sowohl in den Stimmbändern als auch in dem Chakra empfinden, auf das Sie sich gerade besinnen;
- die wahrnehmende Aufmerksamkeit, die Sie der Reihe nach auf alle Chakren richten, wo Sie jedes Mal eine neue Erfahrung erwarten;
- die mentale und verbale Bezeichnung, die Sie – in Form eines Stichworts – jedem Energiezentrum geben, wo-

durch eine Art assoziative, ständig sich ausdehnende Symphonie entsteht;
– die emotionale, intuitive und spirituelle Erfahrung, die Sie machen, sobald Sie sich auf eines der Energiezentren konzentrieren …

Halten Sie jetzt, wenn möglich, inne, legen Sie das Buch beiseite und überlassen Sie sich der Ganzkörperbewegung sowie dem Gesang: Energie ist Bewegung und Schwingung. Treffen Sie die nötigen Vorkehrungen, um derlei regelmäßig zu tun. Optimieren Sie Ihr Energieprofil und kosten Sie das Leben voll aus!

Gehen Sie die weiter unten beschriebenen Positionen der Ganzkörperbewegung noch einmal genau durch und verbinden Sie jedes Energiezentrum mit dem entsprechenden Laut:

1. WURZELCHAKRA: »Lam …«
2. SEXUALCHAKRA: »Vam …«
3. NABELCHAKRA: »Ram …«
4. HERZCHAKRA: »Yam …«

1. Stehen Sie zunächst mit leicht gespreizten Beinen und herabhängenden Armen da; während Sie durch die Nase voll ausatmen, beugen Sie die Knie ein wenig und spannen die Bauchmuskeln an.

2. Wenn Sie nun ruhig durch die Nase einatmen, führen Sie die Hände nah aneinander, die Handflächen nach unten, und heben dann langsam Arme und Hände.

3. Mit gerader Wirbelsäule, die Arme und Hände über dem
   Kopf, ist Ihr Körper so weit wie möglich gestreckt und Ihr
   Blick geht nach oben; halten Sie die Luft beim Einatmen
   kurz an, um diese volle Streckung zu genießen …

4. Beim langsamen Ausatmen durch den Mund fangen Sie
   an, »Yam« zu singen, während sich Arme und Hände
   nach unten und nach außen bewegen, mit nach oben zeigenden Handflächen; beugen Sie dann schrittweise Rücken und Knie, derweil die Arme in einer anmutigen Bewegung an die Körperseiten sinken.

5. Beugen Sie sich immer weiter nach unten, bis Sie keine
   Luft mehr haben und still werden … bis Kopf und Arme
   frei über dem Boden hängen … und die Lungen völlig leer
   sind …

6. Richten Sie sich, durch die Nase einatmend, Arme und
   Hände nah beieinander, allmählich wieder auf … Drücken Sie Kreuz und Knie durch … bis Sie sich schließlich
   in die Höhe recken und den Blick nach oben richten, während Sie die Lungen ganz mit Luft anfüllen … um dann
   auf dem Weg nach unten erneut auszuatmen, »Yam« singend …

Wiederholen Sie diesen Ablauf für die ersten vier Chakren.

Machen Sie eine Pause und vergegenwärtigen
Sie sich Ihre Erfahrungen.

5. Vom inneren Zentrum aus kommunizieren

Durch die ersten vier Energiezentren werden wir reichlich mit roher Kraft, Gefühl und Zielstrebigkeit aufgeladen – aber wir verfügen noch nicht über das Mittel, unsere inneren Erfahrungen und Bedürfnisse der Welt ringsum mitzuteilen. Sobald wir uns aber über die ersten vier Energiezentren zum fünften Chakra erheben, erreichen wir jene bemerkenswerte Schwelle, wo wir logisch denken und gleichzeitig unsere Gefühle und Wünsche, Vorstellungen und Absichten übermitteln können.

Das fünfte Chakra befindet sich sowohl in den Artikulationsorganen in Kehle und Mund als auch in dem Bereich des Gehirns, der das logische und begriffliche Denken steuert. Es ist das Chakra der interpersonalen Kommunikation, das den Austausch von Vorstellungen zwischen Individuen – und im umfassenderen Sinne unsere menschliche Zivilisation – ermöglicht. Dank dem Artikulationsvermögen des fünften Chakras sind wir in der Lage, jenseits unserer eigenen Identität an der sozialen Welt teilzuhaben.

Bis vor wenigen Jahrhunderten, als der Buchdruck erfunden wurde, vollzog sich die menschliche Kommunikation fast nur durch mündlichen Informationsaustausch. Heute verfassen wir Bücher, indem wir die fortgeschrittene Computertechnologie und ihre Software zur Spracherkennung benutzen, um die Stimme direkt ins gedruckte Format zu übertragen. Unsere Fähigkeit, deduktiv zu denken und zu kommunizieren, ist fürwahr ein unermesslicher Segen.

Wie wir in diesem Kapitel sehen werden, sind die meisten von uns in hohem Maße auf das fünfte Chakra fixiert. Unter allen Energiezentren ist dieses gewöhnlich das hyperaktivste, dem chronischen Zustand der Überreizung ausgesetzt. Sicherlich ist es nicht verkehrt, in Gedanken verloren und mit der Denkfunktion des Geistes beschäftigt zu sein, doch ein wesentliches Problem taucht dann auf, wenn eine ganze Gesellschaft aus dem energetischen Gleichgewicht kommt, weil sie sich ständig auf die Aktivität und Stimulation des fünften Chakras konzentriert.

➪ Daher wollen wir in diesem Programm lernen, wie wir unsere Denkfunktion wirksamer mit den anderen energetischen Dimensionen unserer Persönlichkeit verbinden. Außerdem müssen wir herausfinden, auf welche Weise wir das fünfte Energiezentrum regelmäßig beruhigen, um so das nonverbale Potenzial unseres Energiesystems vollständig untersuchen und ausdrücken zu können.

Im Besonderen werden wir aus der Lektion Nutzen ziehen, in unsere abstrakten Gedanken und verbalen Ausdrucksformen mehr von der Kraft des Herzchakras einzubringen, und damit auch Möglichkeiten entdecken, sie durch intuitive Einsichten zu bereichern, die aus unserem sechsten Energiezentrum stammen. Unser Leben erfährt eine tief greifende Wende zum Besseren, wenn wir lernen, die innere Stimme durch das Mitteilungsorgan des fünften Energiezentrums sprechen zu lassen. Sobald wir unserer wahren inneren Stimme erlauben, sich deutlich zu artikulieren, hören die Menschen uns zu.

Wie bei allen anderen Chakren erfordert auch die richtige Beherrschung des fünften Energiezentrums, dass wir immer wieder innehalten, um das Licht unserer Aufmerksamkeit auf dieses Chakra zu richten – also zu erkennen, ob es zu schwach oder zu stark gereizt wird, und gegebenenfalls die entsprechenden Maßnahmen zu ergreifen.

- *Fünfte Möglichkeit, Kraft zu schöpfen:* Verleihen Sie Ihrer tieferen Vision Ausdruck.
- *Ziel:* Lassen Sie zu, dass Ihre innere Stimme sich bemerkbar macht.
- *Schlüsselwort:* »Kommunikation«
- *Konzentrationsformel:* »Mein Verstand ist ruhig und klar.«

DIE ALTE WEISHEIT

Die menschliche Fähigkeit, innere Ziele zu formulieren, wurde von frühester Zeit an als erster schöpferischer Akt betrachtet. Wir müssen uns nur daran erinnern, dass der Gott des Alten Testaments nicht eigentlich ans Werk ging, um die Welt zu erschaffen. Vielmehr bekundete er einfach seine Absicht – und diese wurde zur Wirklichkeit. Gott sagte: »Es werde Licht«, und so wurde Licht. Die Artikulation war der entscheidende Akt der Schöpfung.

Desgleichen lesen wir zu Beginn des Johannesevangeliums den bemerkenswerten Satz: »Im Anfang war das Wort, und das Wort war bei Gott, und Gott war das Wort.« Ungeachtet dessen, wie man dieses Wort deuten mag, bezeichnet es doch ohne jeden Zweifel die Artikulation eines Gedankens oder einer Absicht.

In der hinduistischen Tradition verhält es sich ganz ähnlich. Darauf anspielend, erklärt Joachim-Ernst Berendt in seinem wichtigen Werk *Nada Brahma. Die Welt ist Klang* auf wissenschaftliche Weise, dass die gesamte irdische und kosmische Natur in Schwingung gründet. Darüber hinaus besteht unsere Welt nicht nur aus Schwingung, sondern auch aus Klang, also aus akustisch wahrnehmbarer Schwingung, die durch Harmonie und Rhythmus zum Ausdruck kommt. Berendt gelangt zu der Auffassung, dass unsere moderne Zivilisation inzwischen allzu sehr auf visuelle Schwingungen fixiert ist, obwohl sich unsere tieferen Gedanken und Einsichten häufig in Gestalt gesprochener Laute manifestieren.

In allen archaischen Gesellschaften herrschte die Überzeugung vor, dass der Stimme die besondere Kraft innewohnt, äußere Ereignisse zu beeinflussen. Wenn jemand eine andere Person verfluchen oder segnen wollte, musste der Fluch oder der Segen artikuliert werden, damit er seine Wirkkraft entfalten konnte.

⇨ Sie werden feststellen, dass die grundlegende Theorie dieser PEM-Methode auf dem Diktum beruht: *Sag es – und tu es!* Wenn Sie möchten, dass etwas Bestimmtes geschieht, müssen Sie Ihre diesbezügliche Absicht bekunden. Genau hierin liegt die Kraft des fünften Chakras.

Zuhören ist Macht

Die meisten Diskussionen über das Kommunikationszentrum des fünften Chakras kreisen fast ausschließlich um dessen Übermittlungsfunktion. Tatsächlich befinden sich die meisten von uns häufig im Zustand der Übermittlung. Wir reflektieren und kommunizieren unablässig. Durch unseren Kopf schwirren ständig verbalisierte Gedanken, selbst wenn wir nicht voller Eifer reden und reden. Das fünfte Energiezentrum gerät vor allem auch dadurch ernsthaft aus dem Gleichgewicht, dass es dauernd seine Funktion der Übermittlung ausübt.

Betrachten Sie sich einmal aus dieser Perspektive. Wie oft am Tag ist Ihr Geist völlig ruhig, ohne Gedanken und innere Verbalisierungen, die Ihre Aufmerksamkeit beanspruchen? Wie viel Zeit verbringen Sie damit, still zuzuhören, während andere Leute ihre Vorstellungen und Gefühle zum Ausdruck bringen? Und inwieweit lauschen Sie Ihrer inneren Stimme, Ihrer im Herzen zentrierten Weisheit, Ihrem intuitiven Ausdruck?

▭▷ Wenn wir zum sechsten und siebten Chakra aufsteigen, werden wir erkennen, dass wir weder unsere höheren mentalen Kräfte erschließen noch auf die Weisheit des Herzens hören können, solange das fünfte Chakra übermäßig aktiv und kommunikativ ist.

Daher ist für einen wahren Erfolg im Leben gerade jene Lektion äußerst wichtig, die darin besteht, die Übermittlungsfunktion des fünften Energiezentrums abzuschwächen und dessen Zuhörfunktion zu stärken. Beachten Sie bitte, dass wir die Übermittlungsfunktion des Verstandes in keiner Weise negativ bewerten. Denken und Sprechen sind wunderbare Dimensionen der menschlichen Erfahrung. Wir möchten Sie einfach nur dazu ermutigen, ein gesundes Gleichgewicht zwischen Übermittlungsfunktion und Empfangs- oder Zuhörfunktion herzustellen.

Seien Sie sich außerdem bewusst, dass Ihr Energiesystem durch ständiges Denken und Sprechen tatsächlich ausgezehrt wird. Es bedarf gewiss einer großen Menge Energie aus dem ersten, zweiten und dritten Chakra, um anderen

Menschen die eigenen Vorstellungen mitzuteilen. Wie neurologische und biochemische Untersuchungen zeigen, verbrauchen Sie allein schon durch den Akt des Denkens einen großen Teil Ihrer Energievorräte. Viele Menschen in unserer Gesellschaft neigen dazu, sich tagaus, tagein durch chronisches Denken und Sprechen völlig zu verausgaben, vor allem wenn sie dabei beängstigende oder konfliktträchtige Themen behandeln.

⇨ Lassen wir Ihnen ein bisschen Raum, sodass Sie vielleicht das Buch zur Seite legen können … Kommen Sie jetzt in Einklang mit Ihrer Atmung und Ihrem allgemeinen Energieniveau, während Sie die hier erörterten Vorstellungen zum fünften Chakra in Betracht ziehen … Und denken Sie einmal darüber nach, worüber Sie soeben gesprochen haben.

⇨ Wie steht es mit Ihnen? Neigen auch Sie dazu, sich durch dauerndes Denken und Reden zu überreizen und zu verausgaben? Können Sie Ihren Verstand unter Kontrolle bringen, Ihr fünftes Chakra beruhigen und anderen Menschen ebenso still lauschen wie Ihrer inneren Stimme? Entspannen Sie sich einfach, halten Sie 10 bis 20, vielleicht auch 30 Atemzüge lang inne und achten Sie darauf, welche neuen Einsichten Ihnen jetzt kommen …

Machen Sie eine Pause, um zu meditieren.

Der Prozess der Resonanz

Vom wissenschaftlichen Standpunkt aus gesehen besteht kein Zweifel, dass jeder Wesenheit eine spezifische Schwingungsqualität eignet. Im Universum gibt es wirklich nichts, was nicht schwingt. Hier auf der Erde nehmen all unsere Sinne die Welt durch vibrierende Informationen wahr. Dieser Erkenntnisse eingedenk, möchten wir in die Diskussion um das fünfte Chakra die alten Sanskritlehren mit einbeziehen, die sehr deutlich und mit phänomenaler Detailgenauigkeit darauf beharrten, dass jedes der sieben Energiezentren im Körper seinen einzigartigen Charakter in Form von Schwingungen entfaltet.

Der ursprüngliche *biji*-Laut ist eine vielschichtige innere Schwingung, die direkt in die äußere Welt ausstrahlt. Wenn wir also in Gegenwart anderer Menschen sind, interagieren wir – selbst auf ziemlich groben verbalen Ebenen – ständig auch auf feineren energetischen Ebenen.

Wir wissen zum Beispiel, dass das menschliche Herz ein elektromagnetisches Feld darstellt, das eine deutlich erkennbare Energie ausstrahlt. Wenn zwei Menschen zusammen sind, beeinflussen sich ihre energetischen Ausstrahlungen gegenseitig. Wie wir aufgrund der bereits erwähnten PEAR-Untersuchung an der Princeton University gesehen haben, besitzt der menschliche Geist ebenfalls die Fähigkeit, eine feine Schwingung auszusenden, die sowohl Apparate als auch das Bewusstsein anderer Menschen beeinflusst. In ähnlicher Weise lehrten die alten hinduistischen Meister, dass jedes der Energiezentren im Körper fortwährend seine einzigartige energetische Struktur ausstrahlt und dadurch auf die Energiezentren anderer Personen einwirkt.

⇨ Die wissenschaftliche Forschung über dieses Phänomen ist zugegebenermaßen noch unzureichend; außerdem verlangen wir von Ihnen nicht, die Theorie der ausstrahlenden und wechselseitig sich beeinflussenden Energiezentren vorbehaltlos zu akzeptieren. Vielmehr fordern wir Sie auf, von innen her empfänglicher zu werden für die Schwingungsqualität, die Ihre Energiezentren in die Welt aussenden können.

Darüber hinaus stellt sich, wenn wir über Schwingung und Klang sprechen, immer die Frage nach der Resonanz und der Dissonanz in Begegnungen, die auf Schwingungen gründen. Wir wissen ziemlich gut, dass bestimmte Schwingungen Harmonie hervorrufen, andere hingegen Disharmonie.

Auf der inneren Ebene schwingen die verschiedenen Energiezentren des Körpers oft nicht harmonisch. Ein hohes Maß an Stress und Unbehagen sowie ein Mangel an allgemeinem Wohlbefinden entstehen dadurch, dass in den Tiefen unseres Wesens weder Integration noch Resonanz vorhanden sind. Hoffentlich lernen Sie in diesem Buch und dem begleitenden Onlineprogramm, wie Sie die Kraft Ihres Bewusstseins und Ihrer Zielstrebigkeit immer besser nutzen, um innere Resonanz herzustellen.

Desgleichen werden Sie bei Ihren zwischenmenschlichen Beziehungen feststellen, dass Sie sich mit einigen Personen sofort im Einklang fühlen, während gegenüber anderen stets ein Missklang zu herrschen scheint. Die Einsicht, dass Ihre Beziehungen auf einer bestimmten tieferen Ebene davon abhängen, ob Ihre Energiezentren harmonisch zusammenwirken, bedeutet einen wichtigen Schritt in Ihrem sozialen Leben.

Und wieder lautet die Frage: Was ist die entscheidende Variable, die Ihnen ermöglicht, sowohl zu erkennen, was auf dieser inneren Ebene energetisch mit Ihnen passiert, als auch die entsprechenden positiven Maßnahmen zu ergreifen? Ihr eigener Grad an Bewusstheit. Den meisten Menschen gelingt es einfach nicht, diese subtile Dimension ihres Lebens zu erschließen – vor allem deshalb, weil sie sich nie mit der Vorstellung von schwingender Harmonie auseinandergesetzt haben. Deshalb möchten wir jene alten vielschichtigen Auffassungen über menschliche Anatomie und energetische Leistung in allgemeiner Weise darstellen, damit jeder sie begreifen und demgemäß handeln kann.

⟹ Hier ist eine interessante Übung, die Ihnen hilft, das eigene soziale Leben hinsichtlich der Chakrenresonanz zu untersuchen. Legen Sie das Buch jetzt einfach beiseite und denken Sie über drei für Sie wichtige Personen nach, mit welchen Sie dauernd uneins sind – und dann über jene drei, bei denen Sie eine ganz besondere und natürliche Resonanz sowie eine mühelose Harmonie empfinden …

Machen Sie eine Pause und vergegenwärtigen
Sie sich Ihre Empfindungen.

PSYCHOLOGISCHE EINSICHTEN

Die Forschungen in der kognitiven Psychologie während der letzten 40 Jahre haben deutlich gezeigt, dass Menschen – zumindest innerhalb der untersuchten Zeitspanne – gleichsam »Gedanken-Junkies« oder »Denksüchtige« sind. Obwohl alle alten Weisheiten betont haben, wie wertvoll es ist, einen friedlichen Geist auszubilden, haben die meisten Menschen über Tausende von Jahren genau das Gegenteil getan. Ständig werden wir von unserem eigenen inneren Monolog förmlich verzehrt. Und dieser innere Monolog ist ganz gewiss eine Funktionsweise des fünften Energiezentrums.

Nach der scharfsinnigen, wenngleich begrenzten Auffassung Sigmund Freuds und seiner psychoanalytischen Anhänger wohnt jedem Menschen ein sogenanntes »Ego« inne, das dauernd redet. Dieser Ausdruck bezeichnet inzwischen allgemein die Stimme in unserem Kopf, die unaufhörlich alles, was wir erfahren, bewertet und beurteilt, die über die Vergangenheit nachdenkt und Pläne für die Zukunft schmiedet, die sich alle möglichen Szenarien ausmalt und zahlreiche Angstgefühle hervorruft.

⇨ Wir alle haben die Neigung, von der Ego-Funktion des Bewusstseins beherrscht zu werden. Und das Ego ist zweifellos ein Phänomen des fünften Chakras. Tatsächlich kommt es dem Sachverhalt ziemlich nahe, wenn man sagt, dass das Ego nicht mehr und nicht weniger ist als jene nicht artikulierte Erzählung, die wir ständig in unserem Kopf produzieren, solange wir nicht lernen, diese innere »Quasselstrippe« zu beruhigen.

Wenn auch Sie allzu sehr unter einem hyperaktiven, nach Reflexion süchtigen Bewusstsein leiden, sollten Sie vielleicht unsere gesamte Buch- und Programmreihe zu Rate ziehen. Diese haben wir geschaffen, um dem weit verbreiteten Problem abzuhelfen. Viele von Ihnen aber brauchen den Geist nur durch jene wesentlichen kognitiven Hilfsmittel zu beruhigen, die jeden in die Lage versetzen, die eigenen Gedanken unter Kontrolle zu bringen und die Aktivität des fünften Chakras regelmäßig zu dämpfen. Es folgt nun in konzentrierter Form die hierfür notwendige Technik, die Sie ausführlicher dargestellt finden in unserem Buch *Was mich stark macht. Mehr Lebensqualität durch Mind-Management* sowie unter *www.selbyvideo.com/german*.

Das ruhige Ego

Wie wir schon bei den anderen Energiezentren des Körpers gesehen haben, neigen die meisten von uns dazu, auf Autopilot zu schalten, wenn die Gedanken von einem Moment zum nächsten völlig ungehindert durch unseren Kopf strömen. Wären sie positiv, konstruktiv, harmonisch, friedlich und angenehm, gäbe es natürlich weder ein Problem noch das Bedürfnis, den Geist zu beruhigen.

⇨ Leider sind viele unserer Gedanken auf Angst gegründet; daher erzeugen sie umgehend sowohl ein emotionales wie energetisches Ungleichgewicht. Folglich ist es in jedem seriösen Energiemanagement-Programm notwendig, zu lernen, wie man den Geist gezielt zur Ruhe bringt, um die übermäßige Aktivität des fünften Chakras und deren negative Auswirkungen zu unterbinden.

Sind Sie mit dieser Aussage einverstanden? Wenn ja – fühlen Sie sich bereit, ins kalte Wasser zu springen, das Ego bei den Hörnern zu packen und Ihren Geist zu besänftigen? Dann nehmen wir die Sache jetzt in Angriff.

Über Tausende von Jahren haben sich geistige Lehrer und Meditationsmeister bemüht, jene Methode zu entdecken, dank deren der Geist zur Ruhe gebracht werden kann. Wissenschaftliche Untersuchungen in der Wahrnehmungspsychologie haben diese Methode schließlich ausfindig gemacht; sie wurden im Jahre 1967 am US-Gesundheitsinstitut durchgeführt und blieben damals fast unbeachtet. Man stellte fest, dass sich der menschliche Verstand nicht auf zwei getrennte Sinnesreize konzentrieren und gleichzeitig über etwas nachdenken kann.

Da haben Sie's.

Die Frage ist nur: Wie wenden wir diese Einsicht höchst wirksam in unserem täglichen Leben an – insbesondere im Hinblick auf die Beherrschung des fünften Energiezentrums?

Wenn Sie an einem unserer verwandten Programme gearbeitet haben, wissen Sie: Lästige Gedanken im Kopf werden am besten dadurch beruhigt, dass man einen ganz bestimmten Sinnesreiz wählt und die Aufmerksamkeit darauf lenkt. Konzentrieren Sie sich zum Beispiel auf die Stimme von John Lennon, die in einem Beatles-Song mit der von Paul McCartney harmoniert, so haben diese beiden getrennten Sinnesreize die Macht, alle Gedanken in Ihrem Kopf zu besänftigen. Das Gleiche geschieht, wenn Sie zwei oder mehreren Instrumenten in einer Komposition von Johann Sebastian Bach lauschen. Sie können auch die Farben eines Sonnenuntergangs betrachten und dabei die sanfte Berührung auf Ihrer Wange durch eine kühle Brise bewusst wahrnehmen. Jedes Paar von Sinnesreizen erfüllt den Zweck – besänftigt vorübergehend Ihren allzu umtriebigen Geist und erlaubt Ihnen, den gegenwärtigen Augenblick zu genießen.

Wir haben jedoch herausgefunden, dass das folgende Verfahren für den allgemeinen Gebrauch am effektivsten ist, und Sie werden merken, dass es im vorliegenden Programm schon benutzt wurde. Wählen Sie als ersten Sinnesreiz die konkrete Empfindung der Luft, die jetzt durch Ihre Nase einund ausströmt. Richten Sie Ihre Aufmerksamkeit gleichzeitig auf den zweiten deutlichen Sinnesreiz, nämlich auf jene Empfindung, die bei jedem Ein- und Ausatmen durch die Bewegungen in Brust und Bauch hervorgerufen wird.

⇨ Wann immer Sie Ihren denksüchtigen Verstand zur Ruhe bringen und das hyperaktive fünfte Chakra gleichsam abkühlen möchten, brauchen Sie Ihre Aufmerksamkeit nur auf jene vielfältigen, in jedem Körperteil spürbaren Empfindungen zu lenken, die aus Ihrer andauernden Erfahrung mit dem Atem resultieren. Anders ausgedrückt: Wenden Sie psychisches Judo an, um Ihr Ziel zu erreichen.

Wenn Sie weitere Hinweise und Übungen zur Beruhigung des Geistes benötigen, so finden Sie diese in großer Zahl auf unserer Website. Alles dreht sich ums innere Gleichgewicht, und wir sind im Begriff zu lernen, wie wir unseren Verstand steuern, statt ihn aufgrund vorprogrammierter Gewohnheiten einfach gewähren zu lassen. Regelmäßige Arbeit in dieser Richtung ist gewiss wichtig; doch vergegenwärtigen Sie sich bitte – wenn Sie nicht gerade ein begeisterter Anhänger des Zen-Buddhismus sind –, dass wir das durch Denksucht hervorgerufene Ungleichgewicht im fünften Chakra nicht nur beseitigen wollen, um einen ruhigen Geisteszustand zu erlangen, sondern auch, um gewissermaßen einen anderen energetischen Gang einzulegen, damit Sie in jenen Empfangsmodus überwechseln können, in dem Ihr Alltagsego anfängt, zuzuhören und auf die Weisheit aus dem vierten Chakra sowie auf die Einsicht und Inspiration aus dem sechsten Chakra zu reagieren.

○ *Bewusstseinsübung: Das ruhige Ego*

Bewegen wir uns durch eine leicht abgewandelte Version der grundlegenden Übung zur Beruhigung des Geistes, indem wir auf die üblichen Konzentrationsformeln zurückgreifen, die Sie auswendig lernen und jederzeit anwenden können, wenn Sie Ihr Energiesystem positiv beeinflussen möchten. Vergessen Sie nicht: Praxis führt zur Perfektion. Das heißt, Sie bilden eine neue Gewohnheit aus und verstehen sich immer besser darauf, den beschriebenen Ablauf rasch zu bewältigen, wenn Sie ihm mehrmals täglich nur eine Minute widmen und so diesen »geistigen Muskel« trainieren.

⇨ Was immer Sie gerade tun – Sie können Ihre Aufmerksamkeit stets ausdehnen, um die Erfahrung mit dem Atem einzubeziehen. Sie brauchen sich lediglich die folgenden Mantras einzuprägen, die sowohl die unterschiedlichen Empfindungen hinsichtlich der Atmung als auch die Gefühle im Herzen beinhalten, sodass diese Übung Sie in innigen Kontakt mit dem vierten Chakra bringt und gleichzeitig das fünfte Chakra beruhigt:

> *»Ich spüre, wie die Luft durch meine Nase ein-
> und ausströmt …«*

> *»Außerdem spüre ich die Bewegungen in Brust und Bauch …«*

> *»Darüber hinaus bin ich mir meiner Gefühle im
> Herzen bewusst …«*

> *»Ich bin im Hier und Jetzt, völlig frei atmend …«*

LERNEN DURCH TUN

Obwohl wir die starke Neigung haben, in unserem Verstand gleichsam umherzuschwirren, scheint es vielen Menschen schwerzufallen, die Aufmerksamkeit gezielt auf die eigenen Gedanken zu richten und die Tätigkeit des fünften Chakras bewusst wahrzunehmen. Wie die geistigen Traditionen überall auf der Welt empfehlen, kommt es uns sehr zugute, eine Praktik zu entwickeln, durch die wir regelmäßig innehalten und auf unser Denken achten.

Genau darum geht es in den meisten Meditationen, deren Zweck offensichtlich ist – nämlich die aktive Kraft des menschlichen Bewusstseins zu nutzen und so das Energiesystem auf angemessene Weise auszubalancieren. Sobald Sie sich auf jene Gedanken konzentrieren, die Ihnen durch den Kopf jagen, kehrt darin fast immer allmählich Ruhe ein. Es folgt eine Übung, die Ihnen hilft, dieses energetische Ziel zu erreichen.

○ *Bewusstseinsübung zur Beruhigung der Gedanken*

Erübrigen Sie nach der Lektüre des letzten Abschnitts einige Minuten und vollziehen Sie die anschließenden Schritte, um das fünfte Chakra ins Gleichgewicht zu bringen. Richten Sie Ihre Aufmerksamkeit zunächst auf den Atem ... Dehnen Sie sie aus, um auch die Gefühle im Herzen mit einzuschließen ... Während Sie sicherstellen, dass Sie weiterhin sowohl auf die Atmung als auch auf das Herz konzentriert sind, entspannen Sie sich und achten genau auf die Gedanken, Erinnerungen, Bilder in Ihrem Kopf ... Benutzen Sie die Erfahrung mit dem eigenen Atem stets als geistigen Anker ... Verfolgen Sie passiv, ohne jede Reaktion, wie diese Vorstellungen durch Ihr Bewusstsein ziehen … Gewahren Sie einfach nur die Aktivität im fünften Chakra …

Machen Sie eine Pause
und beobachten Sie sich selbst.

○ *Kognitive Übung: Einbeziehung des fünften Chakras*

Gehen Sie, zur Übung, noch einmal die ersten vier Konzentrationsformeln durch, die Ihr persönliches Energieprofil hervortreten lassen und erneut ausgleichen. Fügen Sie dann mit einem besonderen Kniff die fünfte Konzentrationsformel hinzu.

1. WURZELCHAKRA: Lenken Sie Ihre Aufmerksamkeit hinab in das erste Energiezentrum … und sprechen Sie sich folgende Konzentrationsformel vor:

   »Ich fühle mich in Becken, Beinen und Füßen fest
   verwurzelt …«

2. SEXUALCHAKRA: Seien Sie sich auch der sexuellen Ladung im Genitalbereich bewusst und sagen Sie zu sich:

   »Ich genieße meine sexuelle Energie …«

3. NABELCHAKRA: Lassen Sie zu, dass Ihre Aufmerksamkeit sich weiter ausdehnt, um zusätzlich das dritte Energiezentrum tief unten in Bauch und Solarplexus mit einzubeziehen … Sagen Sie sich:

*»Meine persönliche Kraft fühlt sich gut und
ausgeglichen an ...«*

4. HERZCHAKRA: Lenken Sie die Aufmerksamkeit nun ins Herz ... Empfinden Sie dort die Liebe, die mit den Energien der unteren drei Chakren verschmilzt und sie umwandelt ... Sprechen Sie sich die Formel vor:

*»Mein Herz ist empfänglich dafür, mit Liebe
aufgeladen zu werden ...«*

5. KEHLCHAKRA: Dehnen Sie jetzt Ihre Aufmerksamkeit noch weiter aus, um auch das fünfte Energiezentrum in Kehle, Mund und Lippen zu erfassen ... Achten Sie darauf, ob Ihr Verstand ruhig und ausgeglichen ist – oder angespannt und aufgewühlt.

Entspannen Sie Zunge und Kiefer ... und gestatten Sie Ihrem Verstand, ruhiger zu werden ... Konzentrieren Sie sich weiterhin auf die Atmung ... sowie auf die Gefühle im Herzen ... Seien Sie sich der fünf Chakren gleichzeitig bewusst ...

Sagen Sie sich nun die grundlegende Konzentrationsformel für das fünfte Chakra vor:

»Mein Verstand ist ruhig und klar ...«

*Machen Sie eine Pause und vergegenwärtigen Sie
sich Ihre Erfahrungen.*

○ *Bewegungs- und Gesangsübung*

Es ist Zeit, sich zu erheben, Bewegung und Gesang zu praktizieren. Dieser ist jetzt besonders wichtig, da wir das fünfte
Chakra erreicht haben, wo die Artikulation ihren Ursprung
hat. Sie werden das fünfte Energiezentrum auf direkte und
ziemlich drastische Weise stimulieren, indem Sie dessen ureigenen Laut »Ham« singen.

Diesen Laut zu lernen mag Ihnen etwas Mühe bereiten,
weil das »H« gewöhnlich leicht guttural artikuliert wird, wobei Sie den Rachen ein wenig schließen, einen Laut hervor-
bringen und so eine deutlich ausgeprägte körperliche Vibration erzeugen.

Üben Sie das jeden Tag einige Male ein, spielen Sie damit,
bis Sie eine gute Vibration erzielen, die sich mitten in Ihrem
»H«-Laut entfaltet. Und natürlich steht es Ihnen frei, unsere
PEM-Website aufzusuchen, wo Sie diesem Gesang lauschen
und ihn zusammen mit anderen Stimmen einstudieren können, um Ihre Fähigkeit zu vervollkommnen.

Vorausgesetzt, Sie lesen dieses Buch nicht gerade im Bahn-
hof oder während einer geschäftlichen Sitzung, empfehlen
wir Ihnen, es beiseitezulegen und Ganzkörperbewegung sowie Gesang durchzuexerzieren. Erfahren Sie für sich den
großen Wert, der in dem Prozess der tiefen Atmung und der
Ganzkörperbewegung mitsamt den dazugehörigen Lauten
liegt. Bald schon werden Sie feststellen, dass dies auf natürliche Weise Ihren Verstand beruhigt und Ihr Energiesystem
wieder ausgleicht.

Durchlaufen Sie also erneut die weiter unten beschriebenen Positionen der Ganzkörperbewegung, die Sie für jedes
der fünf Energiezentren mit dem entsprechenden Laut ausführen.

1. WURZELCHAKRA: »Lam …«
2. SEXUALCHAKRA: »Vam …«
3. NABELCHAKRA: »Ram …«
4. HERZCHAKRA: »Yam …«
5. KEHLCHAKRA: »Ham …«

1. Stehen Sie zunächst mit leicht gespreizten Beinen und herabhängenden Armen da; während Sie durch die Nase voll ausatmen, beugen Sie die Knie ein wenig und spannen die Bauchmuskeln an.

2. Wenn Sie nun ruhig durch die Nase einatmen, führen Sie die Hände nah aneinander, die Handflächen nach unten, und heben dann langsam Arme und Hände.

3. Mit gerader Wirbelsäule, die Arme hoch über dem Kopf, ist Ihr Körper so weit wie möglich gestreckt und Ihr Blick geht nach oben; halten Sie die Luft beim Einatmen kurz an, um diese volle Streckung zu genießen …

4. Beim langsamen Ausatmen durch den Mund fangen Sie an, den Laut des ersten Chakras zu singen, während sich Arme und Hände nach unten und nach außen bewegen, mit nach oben zeigenden Handflächen; beugen Sie dann schrittweise Rücken und Knie, derweil die Arme in einer anmutigen Bewegung an die Körperseiten sinken.

5. Beugen Sie sich immer weiter nach unten, bis Sie keine Luft mehr haben und still werden … bis Kopf und Arme frei über dem Boden hängen … und die Lungen völlig leer sind …

6. Richten Sie sich, durch die Nase einatmend, Arme und Hände nah beieinander, allmählich wieder auf … Drücken Sie Kreuz und Knie durch … bis Sie sich schließlich in die Höhe recken und den Blick nach oben richten, während Sie die Lungen ganz mit Luft anfüllen … um dann auf dem Weg nach unten erneut auszuatmen, den Laut des zweiten Energiezentrums singend …

Wiederholen Sie diesen Ablauf für die ersten fünf Chakren.

Machen Sie eine Pause und vergegenwärtigen Sie sich Ihre Empfindungen.

○ *Bewusstseinsübung unter Einbeziehung der Hände*

Um diesen Übungsteil abzurunden, wollen wir abermals die Hände mit einbeziehen, diesmal für das Energiezentrum der Kommunikation. Auch hier gibt es bezüglich der Hände, wie bei jedem anderen Chakra, typische Bewegungen und Positionen. Erübrigen Sie jetzt etwas Zeit, um sich hinzulegen und diese Übung tatsächlich zu machen. Falls das momentan nicht möglich ist, lesen Sie wenigstens die nachfolgenden Anleitungen durch und stellen sich vor, sie zu befolgen. Während des Tages nehmen Sie das Buch erneut hervor und üben den Ablauf ein, bis Sie ihn ganz auswendig können.

1. Legen Sie sich rücklings bequem auf den Boden oder das Bett. Richten Sie die Aufmerksamkeit zuerst auf die Luft, die durch die Nase ein- und ausströmt … dann auf die mühelosen Bewegungen in Brust und Bauch, während Sie ruhig weiteratmen … schließlich auf das Herz und alle

dort vorhandenen Gefühle … Gestatten Sie jetzt Ihrem Bewusstsein, sich noch weiter auszudehnen und sämtliche Körperbereiche gleichzeitig zu erfassen, hier, in diesem Augenblick …

2. Lenken Sie Ihre Aufmerksamkeit nun besonders auf die Hände … Um das Gefühl des Verwurzeltseins sowohl im ersten Chakra wie auch in der Erde deutlich zu empfinden, legen Sie sie beidseits des Körpers mit den Handflächen nach unten auf den Boden oder das Bett … Nehmen Sie auch Becken, Beine und Füße deutlich wahr … im Kopf das Wort »Wurzel« …

3. Während Sie die linke Hand ruhen lassen, heben Sie sanft die rechte Hand und legen sie auf den Genitalbereich … Seien Sie sich beider Hände bewusst … Richten Sie die Aufmerksamkeit gleichzeitig auf beide Hände und beide Chakren … Sagen Sie leise: »Wurzel und Geschlecht vereint …«

4. Heben Sie jetzt die linke Hand, um sie auf den unteren Teil Ihres Kraftzentrums nahe dem Bauchnabel zu legen … Seien Sie sich der rechten Hand auf dem Sexualchakra und der linken Hand auf dem Nabelchakra bewusst … Konzentrieren Sie sich auf beide Zentren gleichzeitig … und sprechen Sie die Worte aus: »Geschlecht und Kraft vereint …«

5. Nun bewegen Sie die rechte Hand zum Solarplexus, ihrer ebenso gewahr wie der linken Hand auf dem Zentrum persönlicher Kraft … Erfahren Sie die natürliche, mühelose Verbindung zwischen der rohen, instinktiven Kraft tief unten im Bauch und der verfeinerten Willenskraft im Solarplexus …

6. Legen Sie die linke Hand auf das Herz ... Atmen Sie in die Empfindung Ihrer vom Willen gesteuerten Kraft im dritten Chakra, die mit dem Mitgefühl und der unbedingten Liebe des vierten Chakras verschmilzt und dadurch gereinigt wird ... Sagen Sie: »Kraft und Liebe vereint ...«

7. Bewegen Sie nun die rechte Hand nach oben und platzieren Sie sie auf die Kehle, wobei der Daumen nach rechts, die Finger nach links zeigen ... Lassen Sie zu, dass Ihre Kehle sich entspannt ... Fühlen Sie gleichzeitig die Energie von Herz und Kehle ... und sagen Sie zu sich: »Herz und Kehle vereint ...«

8. Heben Sie schließlich die linke Hand, um sie auf den Mund zu legen ... Entspannen Sie Zunge und Kiefer ... Atmen Sie in jede Empfindung, die sich bemerkbar macht, während Sie vollkommen auf Ihr Kommunikationszentrum konzentriert sind ... Sagen Sie:

»Ich fühle mich ausgeglichen und energetisch aufgeladen ...«

Seien Sie sich für einige Augenblicke – oder so lange, wie Sie daran Gefallen finden – Ihrer beiden Hände bewusst ... und Ihrer Atmung ... sowie Ihres ganzen ruhenden Körpers, während Sie mit neuer Kraft aufgeladen werden und den gegenwärtigen Moment genießen ...

Machen Sie eine Pause und vergegenwärtigen
Sie sich Ihre Erfahrungen.

6. Ein Höchstmaß an schöpferischer Kraft erschließen

Es ist wirklich aufregend, diesen Punkt zu erreichen, wo wir unsere ganze Aufmerksamkeit jenseits der Begriffe und Artikulationen im fünften Energiezentrum auf die scheinbar unermesslichen Eigenschaften und Erfahrungen des sechsten Energiezentrums richten. Hier erschließen wir unsere ureigene Kreativität, indem wir die dualistisch angelegte Funktion des Verstandes abschwächen und uns den vereinigenden intuitiven Kräften des menschlichen Bewusstseins öffnen, die sich im sechsten Chakra manifestieren.

Durch die Besinnung darauf nähern wir uns der Fusion von Bewusstsein und Geist. Jene intuitiven Kräfte zu verbinden mit all den energetischen Qualitäten der tiefer gelegenen Chakren ist fürwahr ein bemerkenswerter Schritt im PEM-Prozess. An dieser Stelle sind wir nun fähig, das Energiesystem als ein Ganzes zu betrachten und seine Funktionsweise wie auch sein Potenzial aus einer weitaus umfassenderen Perspektive zu erörtern. Tatsächlich werden diese beiden abschließenden Kapitel, welche die Integration aller sieben Chakren untersuchen, Sie in die Lage versetzen, das Verständnis hinsichtlich Ihrer Persönlichkeit in neue, atemberaubende Dimensionen zu lenken.

Beginnen wir mit der Frage, wo sich das sechste Energiezentrum als körperliche Entität eigentlich befindet. Traditionell wird es »drittes Auge« genannt, und es hat seinen Sitz zwischen den Augenbrauen sowie zwei oder drei Zentimeter dahinter im Gehirn. Von einem wissenschaftlicheren Standpunkt aus assoziiert man das sechste Chakra oft mit der Lage und den Absonderungen der Zirbel- und der Hirnanhangsdrüse. Gemäß der kognitiven Psychologie wiederum vollzieht sich die integrative Funktion des Bewusstseins in der interaktiven Membran, die die linke von der rechten Gehirnhälfte trennt – und natürlich in der rechten Gehirnhälfte selbst. Darüber werden wir gleich noch ausführlicher sprechen.

Wir alle wissen, wie es ist, einen Geistesblitz zu haben, der uns offenbar völlig unerwartet trifft und das Bewusstsein mit einer spontanen Erkenntnis, einer schöpferischen Inspiration oder der Lösung zu einem schwierigen Problem erfüllt. Obwohl die intuitive Funktion des Bewusstseins für die Wissenschaft ein großes Geheimnis bleibt, ist uns doch deutlich, dass wir irgendwo oben im Kopf über dieses sechste Energiezentrum verfügen. Außerdem merken wir, auf welch subtile Art dessen Weisheit und Einsicht unser Leben beeinflusst.

⇨ Wie können wir sicherstellen, dass die höhere intuitive und kreative Funktion des Bewusstseins mit den tieferen Chakren zusammenwirkt und sie beeinflusst, sodass wir regelmäßig unser gesamtes schöpferisches Potenzial erschließen?

Es gibt spezifische Methoden, die wir anwenden können, um den energetischen Einfluss des sechsten Chakras auf die unteren Chakren zu steigern, und die Ihnen am Ende dieses Kapitels beigebracht werden. Das sechste Chakra befindet sich dort, wo Sie die einengenden Urteile des Verstandes übersteigen und ein Gefühl von Einheit und Ganzheit empfinden, sowohl in Ihrer inneren Erfahrung als auch im Ausdruck Ihres persönlichen Energieprofils. Sie erleben die Verschmelzung von Bewusstsein und Geist, indem Sie empfänglich werden für höhere Einsicht, Inspiration und kreative Kraft.

- *Sechste Möglichkeit, Kraft zu schöpfen*: Verbinden Sie sich mit Einsicht und Weisheit.
- *Ziel*: Finden Sie Zugang zu höheren Formen des Wissens und der Unterweisung.
- *Schlüsselwort*: »Schöpferische Einsicht«
- *Konzentrationsformel*: »Ich bin offen, um höhere Unterweisung und Kraft zu empfangen.«

DIE ALTE WEISHEIT

Wie wir in diesem Buch immer wieder festgestellt haben, liegt der Schlüssel zur Beherrschung unserer persönlichen Energie in der Fähigkeit des Bewusstseins, die Aufmerksamkeit direkt auf jeden einzelnen Knotenpunkt des Energiesystems zu richten und sich gleichzeitig dessen Ganzheit bewusst zu sein. Beim sechsten Chakra konzentrieren wir uns bewusst auf jene Körperstelle, die bewusste Konzentration überhaupt erst ermöglicht. Schließlich betrachtet das Bewusstsein sich selbst.

In den unvergänglichen Weisheitslehren vieler alter Kulturen wurde das dem Bewusstsein eigene Vermögen zur Selbstreflexion stets hoch bewertet und eingehend erforscht. Das sechste Chakra unterscheidet sich deutlich von den fünf unteren Chakren, die unsere sterblichen animalischen Kräfte repräsentieren und uns in irdischer Gegenwart und Leistungsfähigkeit verwurzeln. Es bezeugt, dass wir jegliche Dualität unserer körperlichen Existenz übersteigen und allmählich einen qualitativ neuen Geistes- und Seinszustand entdecken.

Die alten Lehrmeister drückten die Bewusstheit und Energie des sechsten Chakras natürlich mit geistig geprägten Begriffen aus und sahen darin den Ursprung mystischer Erlebnisse. Aus heutiger wissenschaftlicher Sicht wiederum bezeichnet man die Aktivität dieses Energiezentrums als kreative und intuitive Leistung. Die Psychologen im Besonderen sprechen von »transpersonaler Erfahrung«, wenn die dualistischen Grenzen vorübergehend verschwinden und ein tiefes Gefühl von Frieden, Einsicht und Weisheit jenseits der linearen Funktion des Verstandes empfunden wird. Im Zusammenhang des vorliegenden Buches und Programms verweisen all diese Auslegungen auf ein und dieselbe Qualität des menschlichen Bewusstseins.

Betrachten wir einige alte Auffassungen bezüglich des sechsten Chakras etwas genauer. Welches Element schreibt man ihm üblicherweise zu? Das Wurzelchakra wird naturgemäß mit der Erde assoziiert, das Sexualchakra mit dem Wasser. Das Nabelchakra wird vom Feuer beherrscht, das Herzchakra von der Luft. Das Kehlchakra wird durch Laute und die damit verbundenen Schwingungen aktiviert. Das Brauenchakra schließlich wird eindeutig dem Licht zugeordnet.

Die Schwingung des Lauts ist ein sehr irdisches Phänomen, hervorgerufen durch die gegenseitige Reibung der Moleküle. Daher bleibt die Schwingung des fünften Chakras auf unsere irdische Atmosphäre begrenzt. Die Schwingung des Lichts geht jedoch darüber hinaus. Tatsächlich ist das Licht ein intergalaktisches Phänomen, hervorgerufen durch radioaktive Emissionen, die das gesamte Universum durchqueren und dabei eine kodierte Reihe bestimmter Informationen von der Quelle zum Empfänger tragen können.

Sobald wir unsere Aufmerksamkeit vom fünften Chakra weiter nach oben auf das sechste Chakra lenken, transzendieren wir nach traditionellem Verständnis die hiesige Welt des Leidens. Es gibt aber auch konkrete wissenschaftliche Beweise dafür, dass dieses sechste Energiezentrum nicht nur eine schöne mystische Vorstellung ist, sondern eine physikalische Kraft, deren Wirkungen experimentell beobachtet werden können. Die zuvor schon genannte PEAR-Studie an der Princeton University verblüffte und bestürzte die wissenschaftliche Gemeinschaft, weil die wahrnehmbaren physikalischen Wirkungen der ausgesandten Botschaft – ähnlich wie bei der Lichtstrahlung – mit zunehmender Entfernung zwischen Sender und Empfänger *nicht* nachließen.

Die Untersuchungen wurden über mehrere tausend Kilometer durchgeführt, und die aufgezeichnete Wirkung der mentalen Sendung war die gleiche wie bei einer Distanz von nur wenigen Metern. Das heißt, das sechste Energiezentrum funktioniert durch irgendeine Art von Mechanik, vergleichbar mit der einer Lichtschwingung.

In den hinduistischen Schriften wurden noch andere wissenschaftliche Entdeckungen vorweggenommen. Zum Beispiel konnten die altindischen Lehrmeister allein durch meditative Versenkung erkennen, dass Licht sowohl Energie als auch Materie ist. Im Hinblick auf die Energiezentren im Körper gelangten sie zu der Einsicht, dass die sieben Chakren Licht und Energie auf bestimmten und zugleich stets veränderlichen Schwingungsebenen ausstrahlen.

Dementsprechend sahen sie den Körper nicht nur als eine physische Einheit, sondern auch als energetisches Phänomen, ja sogar als eine Gestalt aus Licht. In der christlichen Tradition wiederum wird Jesus oft mit Aureole dargestellt, die offenbart, dass sein hoher Grad an geistiger Entwicklung eine verstärkte Lichtstrahlung aus dem sechsten und siebten Chakra erzeugt. Auch die spirituellen Meister anderer Kulturen wurden als Licht ausstrahlende Wesen porträtiert.

⇨ Wir erörtern all diese Punkte nicht in der Erwartung, dass Sie sofort davon überzeugt sind. Vielmehr möchten wir Ihnen einige überlieferte Vorstellungen präsentieren, über die Sie nachdenken können, um dann aufgrund Ihrer eigenen inneren Erfahrung zu entscheiden, ob für Sie irgendeine Wahrheit darin enthalten ist.

In unserer modernen Kultur sprechen wir von Geistesblitzen – davon, dass unser Denken von einer neuen Idee gleichsam erleuchtet wird. Außerdem benutzen wir immer empfindlichere wissenschaftliche Geräte, um die tatsächlichen, mit Energie geladenen Botschaften aus dem menschlichen Bewusstsein zu erfassen. Obwohl die Wissenschaft weiterhin meistens im Dunkeln tappt, wenn es um die subtilen intuitiven und kreativen Funktionen des Geistes geht, wissen wir, dass sich dort auf der energetischen Ebene ganz wesentliche Vorgänge abspielen.

Jenseits der Dualität

Da die Weisheiten der alten spirituellen Lehrer in vielen Punkten mit den Entdeckungen der zeitgenössischen Wissenschaft übereinstimmen, würden wir gerne eine weitere bedeutsame Einsicht mit Ihnen teilen, die aus der Yogatradition des alten Indiens stammt. Eine der am höchsten entwickelten Methoden zur Beherrschung des Geistes wurde dort als *Kundalini*-Meditation bezeichnet. Aufgrund innerer Erfahrung fand man heraus, dass es zwei zentrale Kanäle zu geben scheint, durch welche die Energie an der Wirbelsäule entlang durch jedes der Chakren nach oben fließt. Diese Kanäle, *Ida* und *Pingala* genannt, leiten nach hinduistischer und buddhistischer Überlieferung die weibliche beziehungsweise männliche Energie – Yin und Yang – weiter.

Die Energien Yin und Yang verweisen auf das, was wir unter negativer und positiver Polarität verstehen. Wie Sie sicherlich wissen, entsteht Materie auf der makrokosmischen Ebene durch die Wechselwirkung zwischen negativ und positiv ausgerichteter Polarität. Die alten Yogis erkannten auch diese Tatsache und gründeten darauf ihre meditativen Praktiken zum richtigen Umgang mit dem inneren und äußeren Energiekreislauf.

Bei den ersten fünf Energiezentren herrscht gewiss das Prinzip der Polarität oder Dualität vor. Das erste, das dritte und das fünfte Chakra werden wegen der dort geballten Kraft und Aktivität als männlich betrachtet, das zweite und das vierte Chakra mit den auf Liebe beruhenden Eigenschaften als weiblich. Diese Unterteilung macht ebenso vollkommen Sinn wie die Einsicht, dass unser gesamtes Energiesystem in den ersten fünf Chakren mittels der darin stattfindenden Wechselwirkung zwischen gegensätzlichen Polen funktioniert. Wohin wir uns im sterblichen Dasein auch wenden, stoßen wir auf die Dynamik der Gegensätze, aus denen es sich zusammensetzt.

⇨ Doch wenn wir zum sechsten Chakra kommen, geschieht nach der Yogatradition Patanjalis und anderer spiritueller Meister etwas Außergewöhnliches. Die beiden gegensätzlichen Kräfte des Weiblichen und Männlichen, Yin und Yang, Ida und Pingala, steigen durch die fünf ersten Chakren nach oben – und verschmelzen, sobald sie das sechste Chakra erreichen, zu einer einzigen energetischen Gegenwart.

Wir sind uns sehr wohl bewusst, dass in der wissenschaftlichen Tradition des Abendlands das Prinzip der Dualität an oberster Stelle steht. Doch um uns der vollständigen Anordnung der sieben Energiezentren im Körper unvoreingenommen zu nähern, müssen wir die Möglichkeit in Erwägung ziehen, dass wir in unseren höchsten Chakren diese Dualität übersteigen und in einen qualitativ neuen Energiezustand eintreten können.

In der Bergpredigt findet sich jener geheimnisvolle und äußerst interessante Ausspruch Jesu: *Wenn dein Auge lauter ist, so wird dein ganzer Leib licht sein* (Matthäus 6,22). Bibelgelehrte haben diesen Satz meist ethisch interpretiert, in der Annahme, Jesus spräche hier metaphorisch. Aber im Hinblick auf das innere Energiesystem macht es umso mehr Sinn, ihn wörtlich zu verstehen und anzuerkennen wie die Weisheiten der alten Yogameister – also der Vorstellung anzuhängen, dass wir durch regelmäßige Konzentration auf das sechste Chakra oben im Kopf eine Energie erzeugen können, die unseren ganzen Körper erleuchtet.

⇨ Wie denken Sie über diese Auffassungen? Sind sie Ihnen bereits vertraut? Glauben Sie, dass es möglich ist, Gegensätze zu vereinen und eine Bewusstseinsebene jenseits von Sterblichkeit und Leiden zu erlangen? Und wie fühlen Sie sich dabei, ein Programm zur täglichen Beherrschung des eigenen Energiehaushalts einzuüben, das diese höhere Dimension mit einschließt?

Bitte halten Sie für einige Augenblicke inne, falls Ihnen danach ist, und legen Sie das Buch beiseite … Kommen Sie in Einklang mit Ihrer Atmung … und den Gefühlen im Herzen … Beachten Sie, welche Gedanken Ihnen durch den Kopf gehen und inwieweit diese Ihre Fähigkeit bezeugen, innerlich zu erwachen und jene scheinbar unendlichen Reiche des Bewusstseins zu erforschen, die das sechste Chakra eröffnet …

Machen Sie eine Pause und untersuchen Sie,
was in Ihnen vorgeht.

PSYCHOLOGISCHE EINSICHTEN

Wenn wir uns nun dem sechsten Energiezentrum vom psychologischen Verständnis her nähern, statt auf alte Weisheit oder fortgeschrittene Physik zurückzugreifen, können wir zahlreiche neurologische und kognitive Untersuchungen heranziehen, um zumindest die sachlicheren Aspekte dieses Chakras besser zu verstehen.

Wir wissen, dass das menschliche Gehirn eigentlich aus vier voneinander unterschiedenen Teilen besteht, die vom ursprünglichen Hirnstamm und Großhirn zu dem evolutionär jüngeren Kleinhirn und Frontalhirn reichen, also zu den Regionen höherer kognitiver und assoziativer Leistung. Die unteren Chakren sind eindeutig mit den älteren Bereichen des Gehirns verbunden und stehen ebenso wie diese in enger Wechselbeziehung.

Um das neurologische Verständnis zu vertiefen, sollten wir einen Punkt hervorheben, der zu Beginn des Buches schon erwähnt wurde – nämlich dass unsere Erfahrung bezüglich jedes Chakras an seinem besonderen Ort im Körper stets aus dem Wechselspiel zwischen diesem Energiezentrum und den neurologischen Vorgängen im Gehirn selbst resultiert.

Vor allem aber entwirft jene als *Homunkulus* bezeichnete Region des Gehirns ständig ein dreidimensionales geistiges

Bild unseres gesamten Körpers. Wann immer wir also unsere Aufmerksamkeit auf eine Erfahrung unseres physischen Körpers richten, wird diese im Homunkulus reproduziert und akzentuiert.

⇨ Demnach erfahren wir auf ganz unmittelbare Weise unsere Energiezentren in der Homunkulus-Region des Gehirns, wie wir gleichzeitig einen spezifischen Körperbereich durch unsere Sinne erfahren.

Bitte denken Sie nicht, Sie müssten dieses äußerst komplexe neurologische Phänomen vollständig durchschauen. Unsere Erklärung der neurologischen Prozesse, die der physischen und energetischen Erfahrung zugrunde liegen, möchte Ihnen nur begreiflich machen, dass jede Sinneserfahrung hinsichtlich des eigenen Körpers und Handelns auf der integrierten Funktion von Gehirn und Körper beruht. Wir bringen dies deshalb offen zum Ausdruck, weil viele Leute meinen, sämtliche Erfahrungen, die sie mit einem bestimmten Energiezentrum machen, seien ausschließlich auf diesen Körperbereich beschränkt.

Die wichtige Rolle anzuerkennen und zu verstehen, die das Gehirn bei der Erzeugung Ihrer energetischen Erfahrung spielt, ist für den Erfolg im PEM-Programm unerlässlich. Oft wurde das traditionelle Chakrenmodell verworfen, weil es in der Tat zu simpel erschien und die wissenschaftliche Auffassung, wie wir auf energetischer Ebene funktionieren, nicht angemessen darstellte. An dieser Stelle besteht unsere Absicht gerade darin, Sie mit genügend wissenschaftlichen Kenntnissen über Ihre Energiezentren auszustatten, damit Sie zuversichtlich ans Werk gehen und jene immer nachhaltiger beeinflussen können.

Intuitive Einsicht

Wir alle wollen so kreativ wie möglich sein. Sowohl in der Arbeit als auch zu Hause bewältigen wir unsere Aufgaben besser, genießen wir das Leben mehr, wenn wir die intuitiven Kräfte im sechsten Chakra bereitwillig erschließen und durch schöpferisches Handeln zum Ausdruck bringen. Da in diesem Buch nur wenig Raum zur Verfügung steht, um dieses wichtige Thema zu behandeln, kommen wir direkt auf die wesentlichen Aspekte zu sprechen, die der psychologischen Dynamik der Kreativität zugrunde liegen.

Dass das höhere Gehirn in zwei gleiche Teile getrennt ist, hat einen wichtigen Grund. Die linke Hemisphäre umfasst jene »Computerfunktion«, die uns ermöglicht, logisch zu denken sowie abstrakte Begriffe und Symbole zu ersinnen, die ihrerseits uns ermöglichen, zu denken und zu sprechen. Wie wir beim fünften Chakra, dem Zentrum des abstrakten Denkens und der logischen Kommunikation, festgestellt haben, interagiert die linke Gehirnhälfte mit unseren Sprechwerkzeugen in Kehle, Mund und Lippen, damit wir unsere persönliche Kraft und Absicht der äußeren Welt übermitteln können.

Außerdem haben wir gesehen, dass das fünfte Energiezentrum und die kognitive Funktion des Bewusstseins von dualistischem Denken beherrscht werden, wobei wir ständig uns selbst und die Welt ringsum beurteilen. Diese Urteile sind für das Funktionieren des Bewusstseins unbedingt notwendig und von hohem Wert.

▷ Andererseits hat die kognitive Psychologie Folgendes gezeigt: Wenn wir in deduktiv-analytischem Denken und beurteilender Wahrnehmung gefangen sind, wird die intuitive und kreative Tätigkeit unserer rechten Gehirnhälfte meistens ausgeschaltet. Das heißt, wir müssen die intellektuelle Tätigkeit des fünften Chakras dämpfen, um Hellsicht und Schöpferkraft des sechsten Chakras zu aktivieren.

Ein erfolgreiches Energiemanagement erfordert die gezielte Eindämmung der Tätigkeit und des Kraftverbrauchs im fünften Chakra, damit der regelmäßige Wechsel zur schöpferischen Tätigkeit im sechsten Chakra vollzogen werden kann. Im Hinblick auf einen erfolgreichen Alltag ist es klug, zu lernen, wie man die Aufmerksamkeit vorübergehend vom kognitiven auf das intuitive Denken lenkt, um so die schöpferischen Energien freizusetzen und zu entfalten.

Wie lässt sich das in realistischer Weise bewerkstelligen? Aufgrund der vorangegangenen zwei oder drei Kapitel ist Ihnen die Antwort zum größten Teil bekannt. Dort haben wir bereits betont, dass Sie das ständige Gerede im Verstand zum Schweigen bringen müssen, um für die subtileren und oft nonverbalen Einsichten Ihres intuitiven Bewusstseins empfänglich zu werden.

Es gibt drei primäre Methoden, dieses Ziel zu erreichen. Listen wir sie der Reihe nach auf, damit Sie eine klare Vorstellung davon bekommen, was konkret zu tun ist, wenn Sie die Energie in Ihrem kreativen Zentrum steigern möchten.

1. *Beruhigung der Gedanken*: Im fünften Kapitel haben Sie gelernt, den geräuschvollen Gedankenfluss, der dauernd durch Ihren Kopf zieht, systematisch zu hemmen. Konzentrieren Sie sich auf die Luft, die durch die Nase ein- und ausströmt und eine erste Empfindung hervorruft, während Sie gleichzeitig Ihre Aufmerksamkeit ausdehnen, um auch jene Empfindungen mit einzubeziehen, die

durch die Bewegung in Brust und Bauch verursacht werden. Durch diese Verlagerung der Aufmerksamkeit auf mehrere Empfindungen beruhigen Sie automatisch den Gedankenfluss. Wenn Sie sich weiterhin der Atmung bewusst sind und der Stimme des Herzens lauschen, kann Ihr Verstand jede Einsicht aufnehmen, die aus dem kreativen Zentrum ins Bewusstsein gelangt.

2. *Direkte mentale Fokussierung:* In der meditativen Tradition der Hindus besteht eine ursprüngliche Praktik, das sechste Chakra zu erwecken und aufzuladen, einfach darin, die volle Geisteskraft auf das physische Zentrum des schöpferischen Bewusstseins zu richten. Wahrscheinlich haben Sie schon von Leuten gehört, die über ihr drittes Auge meditieren. Wie bei allen anderen Energiezentren im Körper gilt auch hier: Wenn Sie Ihre ganze Aufmerksamkeit auf den Punkt zwischen und ein wenig über den Augenbrauen ausrichten und sich zugleich Ihre Erfahrung beim Atmen sowie Ihre Gefühle im Herzen vergegenwärtigen, kommen Sie in den nonverbalen, integrativen Bewusstseinszustand.

3. *Ganzkörperbewegung:* In ähnlicher Weise wird Ihr Verstand beruhigt und das Potenzial für schöpferische Erfahrungen erhöht, sobald Sie körperlich aktiv werden – entweder durch die Ausführung der Ganzkörperbewegung, die Sie in diesem Buch lernen, oder durch irgendeine andere Tätigkeit, bei der Sie die Aufmerksamkeit auf die Bewegung in Ihrem Körper lenken. Wenn Einstein mit einem wissenschaftlichen Problem kämpfte, ging er nach draußen, schwang sich auf sein Fahrrad und unternahm einen Ausflug. Oft bescherte ihm gerade diese körperliche Aktivität die gesuchte Lösung.

Sie können auch zum Tanzen gehen, einen schönen Sonnen-
untergang genießen, Liebe machen oder ein Abendessen zu-
bereiten. Entscheidend ist, dass Sie von den Fixierungen und
Stimuli des fünften Chakras Abstand gewinnen und sich entweder direkt auf das sechste Energiezentrum oder auf Aktivitäten konzentrieren, die den ganzen Körper beanspruchen,
Ihre Aufmerksamkeit auf alle Energiezentren gleichzeitig
lenken und dadurch den Geist besänftigen sowie die schöpferische Kraft frei fließen lassen.

Das Ganze erfassen

Das kognitive Denken ist seinem Wesen nach eine dualisti-
sche Funktion des Bewusstseins, da es die Welt ständig beurteilt und sich auf eine Sache nach der anderen konzentriert.
Das intuitive Denken ist das genaue Gegenteil davon. Die
rechte Gehirnhälfte ermangelt meist der Fähigkeit, sich auf
einen Punkt zu konzentrieren und alle anderen Punkte außer Acht zu lassen. Das heißt, die intuitive Funktion verfügt
über jene phänomenale Gabe, sich vom einzelnen Punkt zu
lösen und unmittelbar das Ganze zu erfassen.

Beide Funktionen sind gleichermaßen notwendig für
Überleben und Erfolg. Deshalb haben wir, vereinfacht ausgedrückt, die linke und die rechte Gehirnhälfte. Zum Beispiel
können wir unsere Aufmerksamkeit zuerst auf das eine, dann
auf das andere Chakra richten und beide hinsichtlich ihrer
Energieladung vergleichen. So ermöglicht uns das fünfte
Chakra eine notwendige Bewertung des eigenen Energiezustands.

⇨ Die kreative Funktion des Bewusstseins vollzieht sich genau in umgekehrter Weise. Statt Unterschieden und Gegensätzen nimmt das kreative Bewusstsein des sechsten Chakras Ähnlichkeiten wahr und stellt neue Verbindungen her. Dank seiner Fähigkeit, das Ganze zu überschauen, bringt es eine besondere Qualität hervor, gekennzeichnet durch erweitertes Verständnis, Weisheit und schöpferische Kraft.

Diese integrative Qualität des sechsten Chakras ist vor allem dann wichtig, wenn wir unseren Energiezustand überprüfen und verbessern möchten. Das Denken ist im Grunde eine Funktion des Bewusstseins, die Vergangenheit und Zukunft miteinander in Beziehung setzt, insofern als wir Erinnerungen an frühere Geschehnisse eifrig analysieren, uns davon bestimmte Vorstellungen machen und diese dann in eine mögliche Zukunft projizieren. Doch bei der Erfahrung selbst verhält es sich ganz anders – sie findet nur im gegenwärtigen Augenblick, im Hier und Jetzt, statt.

Wenn wir also unseren momentanen Energiezustand wahrnehmen wollen, müssen wir zuerst aufhören zu abstrahieren und zur unmittelbaren Erfahrung übergehen. Das bedeutet im Wesentlichen, das dritte und das fünfte Chakra zeitweilig ruhigzustellen, damit wir uns in Einklang bringen können mit den auf Empfänglichkeit und Erfahrung beruhenden Funktionen des vierten und des sechsten Chakras.

Die Kreativität gründet stets auf einer inneren Bewegung zwischen neu erworbenen Erfahrungen oder Einsichten und dem Nachdenken darüber. In diesem Licht gesehen, ist das eine Chakra niemals wichtiger als das andere. Immerzu streben wir nach der ebenso gesunden wie bewussten Wechselbeziehung zwischen den verschiedenen Energiezentren. Und erst wenn wir die verbindende Kraft des sechsten Chakras mit einbeziehen, erreichen wir jenen Punkt, an dem wir das Bewusstsein ausdehnen können, um unser gesamtes Energiesystem auf einmal zu erfassen. Aus dieser erweiterten Perspektive sind wir dann auch in der Lage, den natürlichen Prozess der Homöostase in Gang zu bringen.

Die Homöostase, erneut betrachtet

Es ist Zeit, sich abermals der Vorstellung von der energetischen Homöostase zuzuwenden, die an früherer Stelle bereits erörtert wurde. Solange wir eines oder mehrere unserer Chakren unbewusst entweder zu sehr oder zu wenig stimulieren, bleiben wir dem inneren Gleichgewicht fern und führen kein lohnendes oder erfreuliches Leben.

⇨ Der Körper weiß genau, wie er sein Energiesystem auf natürliche Weise beherrschen kann. Aber solange mentale Gewohnheiten und emotionale Zwänge uns regelmäßig in ein energetisches Chaos stürzen, kann der organische Prozess der Homöostase einfach nicht seine Aufgaben erfüllen. Wir erlangen nur dann die Kraft, den gewünschten Zustand herzustellen, wenn wir unser Denken in den Griff bekommen und uns des eigenen Energiesystems in seiner Ganzheit bewusst werden.

Die große Kraft und Weisheit des sechsten Chakras liegt darin, dass es die Fähigkeit besitzt, all unsere komplexen Gegensätze zu verbinden und in Einklang zu bringen und dadurch das gesamte System klug zu steuern. So, wie wir intuitiv wissen, welche Handlungen in der äußeren Welt angemessen sind, verfügen wir auch über die innere Weisheit, unsere Energiezentren in harmonischem Gleichgewicht zu halten.

Warum dem so ist? Weil unser Organismus naturgemäß darauf programmiert ist, spontan in der Weise zu reagieren, dass wir weiterhin überleben und gedeihen können. Wenn wir imstande sind, unsere jeweilige Situation mit all ihren Aspekten intuitiv zu erfassen, tragen unsere Handlungen automatisch zum persönlichen Wohl bei. Und wenn wir deutlich erkennen, dass einige unserer Energiezentren in Unordnung geraten sind, also einer Korrektur bedürfen, dann führen wir diese Korrektur auch wie selbstverständlich durch. Ungeachtet unserer neurotischen Neigungen sind wir im Grunde ziemlich intelligente Wesen. Von daher halten wir, die Autoren, es für richtig, dem natürlichen instinktiven Vermögen zu vertrauen und die inneren Energiezentren durch intuitive Hellsicht zu beherrschen.

Wenn wir zulassen, dass die Energie des sechsten Chakras unser Leben nachhaltig beeinflusst, statt von Ängsten des Ego und eigennützigen Machenschaften allzu sehr getrieben zu werden, veranlasst uns das intuitive Bewusstsein regelmäßig dazu, das größere Ganze wahrzunehmen, an dem wir als Individuen teilhaben. Und aus dieser höheren Perspektive werden wir dann eher solche Entscheidungen treffen, die nicht nur unsere Bedürfnisse befriedigen, sondern auch in Einklang sind mit dem Wohlergehen unserer erweiterten Familie und Gemeinschaft.

⇨ Nun kennen Sie die allgemeine Überzeugung der Autoren dieses Buches in Bezug auf die dem Organismus innewohnende Weisheit, wenn diese in sämtlichen Energiezentren voll wirksam wird. Stimmen Sie damit überein? Verfügen Sie – jenseits von selbstsüchtigen Bedürfnissen und auf Angst gegründeten Einstellungen oder Urteilen – über eine höher entwickelte Form von Bewusstsein, sodass Sie die ganze Sze-

nerie überschauen und kluge Entscheidungen treffen können, was im Einzelnen zu tun ist? Und: Vertrauen Sie diesem
»höheren« Teil Ihres Selbst weit genug, um die Aktivität des
sechsten Chakras mittels zusätzlicher Aufmerksamkeit und
Energie noch zu steigern?

> *Machen Sie eine Pause und vergegenwärtigen*
> *Sie sich Ihre Empfindungen.*

Von der Manipulation zur Partizipation

Wir haben gerade einen großen Themenbereich sehr schnell
bearbeitet und Worte verwendet, um die Aufmerksamkeit
über die Worte hinaus zu lenken. Sobald wir uns schließlich
von der begrifflichen Sphäre des fünften Chakras in die intuitive Sphäre des sechsten Chakras begeben, übersteigen wir
das verstandesmäßige Denken in Richtung jenes Bewusst-
seinszustands, der fürwahr geheimnisvoll, aufregend und frei
von den Verengungen unseres kontrollierenden Ego ist.

Das erste, das dritte und das fünfte Energiezentrum sind
vollauf damit beschäftigt, unsere persönliche Kraft zur Gel-
tung zu bringen und so die Welt ringsum zu manipulieren.
Genau dies tut das Ego, es manipuliert. Ausgehend von früheren Ereignissen, übernommenen Einstellungen und Vorstellungen, voll dringender Wünsche und Bedürfnisse, zielen
all unsere durch das Ego gelenkten Handlungen darauf ab,
die äußeren Verhältnisse ebenso zum eigenen Vorteil zu beeinflussen wie die tief inneren Gefühle. Das ist an sich weder
gut noch schlecht, sondern einfach unsere angeborene, instinktive Art, uns der individuellen Existenz zu versichern.

Doch obwohl wir in unseren selbstsüchtigen Spielen oft dermaßen verfangen sind, dass wir uns ganz und gar mit dem Bewusstsein des fünften Chakras identifizieren, sind wir eigentlich viel mehr als nur biologische »Manipulationsmaschinen«. Besonders wenn wir die Energien aus dem vierten und dem sechsten Chakra zu einer von Mitgefühl und Hellsicht geprägten Kraft verbinden, erwecken wir in uns verborgene Dimensionen, denen wir wirklich vertrauen können.

Durch eine allzu starke Fixierung auf argwöhnische, besorgte, aufreibende Gedanken und Vorstellungen verengt sich unser Bewusstsein immer mehr. Das ist das Werk der Angst: Sie schnürt es förmlich ein. Oft verbringen wir ganze Tage, ohne uns der eigenen Energiezentren überhaupt gewahr zu werden. Wir verstricken uns so lange in abstrakte Überlegungen und Pläne, bis wir auch dem Körper kaum noch Beachtung schenken. Das heißt, statt im gegenwärtigen Augenblick zu leben, das Geschehen ringsum unmittelbar zu erfahren und ebenso spontan wie angemessen zu reagieren, neigen wir dazu, dieses Ganzkörperbewusstsein zu verlieren und der Außenwelt auf die übliche Weise sowie häufig unangemessen zu begegnen.

Das ist eindeutig kein kluges Energiemanagement. Wenn wir uns wohl und glücklich fühlen möchten, wenn wir durch echte, genau dosierte Mitwirkung Teil einer größeren Gemeinschaft und zudem erfolgreich in der Arbeit sein wollen, müssen wir regelmäßig die Entscheidung treffen, voller Mitgefühl und Weisheit an der Welt zu partizipieren, statt weiterhin einen Manipulationsversuch nach dem anderen zu unternehmen.

⇨ Das ist die Wahl, die sich immer dann ergibt, wenn wir überprüfen, wie gut wir eigentlich die inneren Energiequellen verwalten. Falls wir unsere Aufmerksamkeit nicht in die

richtigen Bahnen lenken, damit das sechste Chakra angemessen aufgeladen und aktiviert wird, haben wir unser persönliches Energiesystem nicht im Griff.

Im folgenden Abschnitt dieses wichtigen sechsten Kapitels
wollen wir mithilfe der verschiedenen Methoden des PEM-
Programms untersuchen, wie Sie sich regelmäßiger und mit
mehr Erfolg auf Ihr schöpferisches Potenzial besinnen und
das sechste Chakra stärken können, um Ihr gesamtes Energiesystem ohne jede Manipulation in ein vollkommenes
Gleichgewicht zu bringen.

Bitte vergessen Sie dabei eines nicht: Obwohl die traditionellen Lehren betonen, dass man durch Konzentration auf
das sechste Chakra zutiefst geistige Einsichten gewinnen
kann, propagieren wir in diesem Buch nicht eigens solche
Erfahrungen. Vielmehr macht unsere Methode Sie dafür
empfänglich, Ihr intuitives und spirituelles Potenzial zu entdecken – das heißt, wir ermutigen Sie, diese Dimension Ihrer
Persönlichkeit zu erforschen, ohne Sie dorthin zu drängen …

LERNEN DURCH TUN

An diesem Punkt der Diskussion über Ihre Fähigkeit, die inneren Energiequellen gut zu verwalten, haben Sie nun hoffentlich eine klare Vorstellung von den Hilfsmitteln, die Ihnen dafür zu Gebote stehen.

1. *Hilfsmittel*: Sie können die ursprüngliche Kraft der Aufmerksamkeit einsetzen, indem Sie diese gezielt auf jedes
   einzelne Energiezentrum richten, und dann den Prozess
   der Homöostase in Gang bringen, indem Sie Ihres Ener-

giesystems im Ganzen gewahr werden. Das erreichen Sie
sowohl durch mentale Fokussierung als auch durch den
Einsatz der Hände, die Sie auf die entsprechenden Körperstellen legen, um die konzentrierte Bewusstheit noch
zu steigern.

2. *Hilfsmittel*: Sie können eine Reihe spezieller Konzentrationsformeln oder Stichwörter benutzen, um den inneren Energieausgleich zu fördern. Das geschieht dadurch, dass Sie
diese auswendig lernen und sich immer wieder vorsprechen.

3. *Hilfsmittel:* Sie können die Ganzkörperbewegung und den
Gesang der Chakralaute erlernen und regelmäßig einüben. Dank der tiefen Atmung und der Bewegung wird
nicht nur die Energieladung im Körper unmittelbar erhöht, sondern auch Ihre aktive Aufmerksamkeit auf jedes
der Energiezentren gelenkt und Ihr Körperbewusstsein
hinsichtlich der Ganzheit des Energiesystems erweckt.

Unsere Herausforderung bei der Ausarbeitung dieser Methoden bestand darin, für Sie einen Ablauf zu entwickeln, den
Sie jeden Tag schnell bewältigen können – sowohl am Arbeitsplatz wie auch zu Hause. Wir haben unser Bestes getan,
um einen äußerst vielschichtigen Prozess zu vereinfachen, damit Sie ihn bereitwillig auswendig lernen und schließlich beherrschen. Sie sollten also täglich zumindest eines der drei
oben genannten Hilfsmittel zum Energiemanagement anwenden und danach eine wohlverdiente Ruhepause einlegen.

Im Verlauf der Lektüre haben Sie bereits verschiedene Aspekte dieser drei Hilfsmittel kennengelernt. Wir erreichen
nun den Punkt, wo Sie die ganze Methode vertiefen können;
genau das werden wir in diesem und im nächsten Kapitel

tun. Außerdem werden wir im zweiten und abschließenden Teil des Buches die gleichen drei ursprünglichen Hilfsmittel in kurzer, leicht zugänglicher Form darstellen. Darüber hinaus können Sie auf audiovisuelle Onlineprogramme zurückgreifen, um Ihre Fähigkeiten zur Steuerung des inneren Energieflusses zu vervollkommnen.

So wollen wir erneut die grundlegenden, in diesem Buch gelehrten Techniken anwenden, die hier um die Dimension des sechsten Chakras bereichert werden.

○ *Bewusstseinsübung: Intuitive Fokussierung*

Erübrigen Sie nun ein wenig Zeit und machen Sie die folgende Übung zum Energieausgleich im sechsten Chakra. Richten Sie die Aufmerksamkeit zunächst auf den Atem … Dehnen Sie sie aus, um auch die Gefühle im Herzen mit einzubeziehen … Gestatten Sie Ihrem Verstand, sich zu beruhigen … Während Sie weiterhin auf die Atmung und die Gefühle im Herzen konzentriert sind, entspannen Sie sich einfach und nehmen dann auch Ihr drittes Auge wahr, das zwischen, ein wenig über und hinter den Brauen liegt … Benutzen Sie Ihre Empfindung in Bezug auf den Atem als geistigen Anker … und achten Sie völlig unangestrengt auf die in der Stirn zentrierte Bewusstheit … Erlauben Sie dieser Bewusstheit, Ihren ganzen Körper auf einmal zu umfassen, hier, in diesem Augenblick … Sagen Sie zu sich selbst:

»Meine persönliche Energie ist ausgeglichen und strahlt hervor …«

*Machen Sie eine Pause und vergegenwärtigen
Sie sich Ihre Erfahrungen.*

○ *Kognitive Übung: Einbeziehung des sechsten Chakras*

Gehen wir die sechs primären Konzentrationsformeln durch, die Sie inzwischen gelernt haben und die dazu beitragen, Ihre persönliche Energie zu aktivieren und erneut auszubalancieren.

1. WURZELCHAKRA: Lenken Sie Ihre Aufmerksamkeit hinab in das erste Energiezentrum … und sprechen Sie sich folgende Konzentrationsformel vor:

   »Ich fühle mich in Becken, Beinen und Füßen fest verwurzelt …«

2. SEXUALCHAKRA: Seien Sie sich auch der sexuellen Ladung im Genitalbereich bewusst und sagen Sie sich:

   »Ich genieße meine sexuelle Energie …«

3. NABELCHAKRA: Lassen Sie zu, dass Ihre Aufmerksamkeit sich weiter ausdehnt, um zusätzlich das dritte Energiezentrum tief unten in Bauch und Solarplexus mit einzubeziehen … Sagen Sie sich:

   »Meine persönliche Kraft fühlt sich gut und ausgeglichen an …«

4. HERZCHAKRA: Lenken Sie die Aufmerksamkeit nun ins Herz … Empfinden Sie dort die Liebe, die mit den Energien der unteren drei Chakren verschmilzt und sie umwandelt … Sprechen Sie sich die Formel vor:

»Mein Herz ist empfänglich dafür, mit Liebe
aufgeladen zu werden …«

5. KEHLCHAKRA: Dehnen Sie jetzt Ihre Aufmerksamkeit noch weiter aus, um auch das fünfte Energiezentrum in Kehle, Mund und Lippen zu erfassen … Entspannen Sie Zunge und Kiefer … Gestatten Sie Ihrem Verstand, ruhiger zu werden … Konzentrieren Sie sich weiterhin auf die Atmung … sowie auf die Gefühle im Herzen … Sprechen Sie sich den Satz vor:

»Mein Verstand ist ruhig und klar …«

6. BRAUENCHAKRA: Richten Sie nun Ihre Aufmerksamkeit zusätzlich auf das sechste Energiezentrum zwischen, etwas über und hinter den Augenbrauen … Genießen Sie diese glänzende, strahlende Qualität des nonverbalen, intuitiven Bewusstseins … und sprechen Sie die Konzentrationsformel aus:

»Ich bin offen, um höhere Unterweisung und Kraft
zu empfangen …«

Erweitern Sie jetzt diese leuchtende, verbindende Aufmerksamkeit, um alle Energiezentren gleichzeitig mit einzuschließen – als integrierte, harmonische Ganzheit.

Machen Sie eine Pause und vergegenwärtigen
Sie sich Ihre Erfahrungen.

○ *Bewegungs- und Gesangsübung*

Wir sind nun beim letzten Gesang angekommen, denn der siebte Chakralaut wird nicht zum Ausdruck gebracht. Diese sechste Artikulation werden Sie wahrscheinlich sofort wiedererkennen – es handelt sich um den klassischen »Om«-Laut, der sich durch die gesamte hinduistische Tradition und das Yoga zieht. Wir raten Ihnen, alle Stereotype der westlichen Kultur im Hinblick auf den Gesang dieses besonderen Lauts schnell zu vergessen. Bald schon werden Sie feststellen, dass der Laut selbst dazu bestimmt ist, auf der Stelle wahrhaft wunderbare Gefühle in Ihrem ganzen Energiesystem hervorzurufen.

Das »Om« wird häufig gedehnt ausgesprochen, was in etwa folgende Lautschrift ergibt: »*Aaa…ooo…uuu…mmm*«. Sie formen zuerst den offenen, vollen Laut »A«, gehen über zum tiefen »o«, ziehen dann die Lippen noch ein wenig mehr zusammen für das »u«, um schließlich mit geschlossenem Mund das stimmhafte »m« erklingen zu lassen.

Wenn Sie diesen gesungenen Laut in die Ganzkörperbewegung integrieren, so setzt er zu Beginn des Ausatmens ein, während Ihre Arme nach unten an die Körperseiten sinken. Sie werden das Bedürfnis verspüren, den Gesang fortzusetzen, bis Sie sich ganz nach unten gebeugt haben und Ihre Hände fast den Boden berühren. An jenem Punkt sollte die Atemluft ganz aus Ihnen gewichen und die Artikulation beendet sein.

Falls Sie weitere Anleitungen benötigen, können Sie in unserem Onlineprogramm eine Videodemonstration der Bewegung und des Gesangs verfolgen. Vielleicht finden Sie es hilfreich, beide vor dem Video einzuüben; so haben Sie freundliche Gesellschaft und Unterweisung von außen.

Es ist stets eine Herausforderung, die eigene Trägheit zu überwinden, sich aufzuraffen und zur Tat zu schreiten. Bitte vertrauen Sie uns, wenn wir sagen, dass die Belohnungen in vielerlei Hinsicht wertvoll sind. Wenden Sie also etwas Kraft auf, geben Sie sich einen kleinen Stoß – und legen Sie das Buch beiseite, um Ganzkörperbewegung und Gesang wirklich zu praktizieren. Erfahren Sie die äußerst heilsame Wirkung der tiefen Atmung, der vollen Bewegung und Vibration. Innerhalb kurzer Zeit wird Ihnen bewusst, dass dieser Prozess auf natürliche Weise Ihren Verstand beruhigt, Ihr Charisma erweckt, Ihr Herz aufhellt und Ihr Energiesystem wieder ins Gleichgewicht bringt.

Führen Sie die nun zum sechsten Mal beschriebene Ganzkörperbewegung aus, und zwar für jedes der sechs Energiezentren samt dazugehörigem Laut:

1. WURZELCHAKRA: »Lam …«
2. SEXUALCHAKRA: »Vam …«
3. NABELCHAKRA: »Ram …«
4. HERZCHAKRA: »Yam …«
5. KEHLCHAKRA: »Ham …«
6. BRAUENCHAKRA: »Om …«

1. Stehen Sie zunächst mit leicht gespreizten Beinen und herabhängenden Armen da; während Sie durch die Nase voll ausatmen, beugen Sie die Knie ein wenig und spannen die Bauchmuskeln an.

2. Wenn Sie nun ruhig durch die Nase einatmen, führen Sie die Hände nah aneinander, die Handflächen nach unten, und heben dann langsam Arme und Hände.

3. Mit gerader Wirbelsäule, die Arme hoch über dem Kopf, ist Ihr Körper so weit wie möglich gestreckt und Ihr Blick geht nach oben; halten Sie die Luft beim Einatmen kurz an, um diese volle Streckung zu genießen …

4. Beim langsamen Ausatmen durch den Mund fangen Sie an, den Laut des ersten Chakras zu singen, während sich Arme und Hände nach unten und nach außen bewegen, mit nach oben zeigenden Handflächen; beugen Sie dann schrittweise Rücken und Knie, derweil die Arme in einer anmutigen Bewegung an die Körperseiten sinken.

5. Beugen Sie sich immer weiter nach unten, bis Sie keine Luft mehr haben und still werden … bis Kopf und Arme frei über dem Boden hängen … und die Lungen völlig leer sind …

6. Richten Sie sich, durch die Nase einatmend, Arme und Hände nah beieinander, allmählich wieder auf … Drücken Sie Kreuz und Knie durch … bis Sie sich schließlich in die Höhe recken und den Blick nach oben richten, während Sie die Lungen ganz mit Luft anfüllen … um dann auf dem Weg nach unten erneut auszuatmen, den Laut des zweiten Energiezentrums singend …

Wiederholen Sie diesen Ablauf für alle sechs Chakren.

Machen Sie eine Pause und vergegenwärtigen
Sie sich Ihre Empfindungen.

○ *Bewusstseinsübung unter Einbeziehung der Hände*

Um diesen Teil mit Übungen zum sechsten Chakra abzu-
schließen, wollen wir abermals die Hände mit einbeziehen,
hier jetzt für das Energiezentrum der intuitiven Einsicht.
Auch für das sechste Chakra gelten die bereits genannten Bewegungen und Positionen. Erübrigen Sie etwas Zeit, um sich
hinzulegen und jene in der Praxis nachzuvollziehen. Falls das
momentan nicht möglich ist, lesen Sie wenigstens die nachfolgenden Anleitungen durch und stellen sich vor, sie zu befolgen. Später nehmen Sie dann das Buch erneut hervor und
üben den Ablauf tatsächlich ein, bis Sie ihn ganz auswendig
können. Unsere visuelle Onlinepräsentation mag Ihnen in
dieser Hinsicht von besonderem Nutzen sein.

1. Legen Sie sich rücklings bequem auf den Boden oder das
   Bett. Spüren Sie die Luft, die durch die Nase ein- und ausströmt … sowie die mühelosen Bewegungen in Brust und
   Bauch … Seien Sie sich auch der Gefühle im Herzen bewusst … Gestatten Sie jetzt Ihrem Bewusstsein, sich noch
   mehr auszudehnen und sämtliche Körperbereiche gleichzeitig zu umfassen, hier, in diesem Augenblick …

2. Lenken Sie Ihre Aufmerksamkeit nun auf das erste Chakra, auf das Gefühl, mit der Erde tief verbunden zu sein,
   und auf die Hände … Legen Sie diese mit den Handflächen nach unten auf den Boden oder das Bett … Nehmen
   Sie auch Becken, Beine und Füße deutlich wahr … im
   Kopf das Wort »Wurzel« …

3. Während Sie die linke Hand ruhen lassen, heben Sie sanft
   die rechte Hand und legen sie auf den Genitalbereich …

Seien Sie sich beider Hände bewusst … Konzentrieren Sie sich auf beide Hände und beide Chakras gleichzeitig … Sagen Sie leise: »Wurzel und Geschlecht vereint …«

4. Heben Sie jetzt die linke Hand, um sie auf den unteren Teil Ihres Kraftzentrums nahe dem Bauchnabel zu legen … Seien Sie sich der rechten Hand auf dem Sexualchakra und der linken Hand auf dem Nabelchakra bewusst … Sprechen Sie die Worte aus: »Geschlecht und Kraft vereint …«

5. Nun bewegen Sie die rechte Hand zum Solarplexus, ihrer ebenso gewahr wie der linken Hand auf dem Zentrum persönlicher Kraft … Erfahren Sie die natürliche, mühelose Verbindung zwischen der rohen, instinktiven Kraft tief unten im Bauch und der verfeinerten Willenskraft im Solarplexus …

6. Legen Sie jetzt die linke Hand auf das Herz … Atmen Sie in die Empfindung Ihrer vom Willen gesteuerten Kraft im dritten Chakra, die mit dem Mitgefühl und der unbedingten Liebe des vierten Chakras verschmilzt und dadurch gereinigt wird … Sagen Sie: »Kraft und Liebe vereint …«

7. Bewegen Sie nun die rechte Hand nach oben und platzieren Sie sie auf die Kehle, wobei der Daumen nach rechts, die Finger nach links zeigen … Lassen Sie zu, dass Ihre Kehle sich entspannt … Fühlen Sie gleichzeitig die Energie von Herz und Kehle … und sagen Sie zu sich: »Herz und Kehle vereint …«

8. Heben Sie dann die linke Hand, um sie auf den Mund zu legen … Entspannen Sie Zunge und Kiefer … Atmen Sie

in jede Empfindung, die sich bemerkbar macht, während Sie vollkommen auf Ihr Kommunikationszentrum konzentriert sind …

9. Legen Sie schließlich die rechte Hand sanft auf Ihre Augen … Lassen Sie zu, dass sie sich entspannen … Spüren Sie Kehle und Augen, während Sie zugleich auf Ihre Gedanken und Einsichten achten … Sagen Sie: »Gedanke und Einsicht vereint …«

Seien Sie sich für einige Augenblicke – oder so lange, wie Sie daran Gefallen finden – Ihrer beiden Hände bewusst … und Ihrer Atmung … sowie Ihres ganzen ruhenden Körpers, während Sie mit neuer Kraft aufgeladen werden und den gegenwärtigen Moment genießen …

*Machen Sie eine Pause und vergegenwärtigen
Sie sich Ihre Erfahrungen.*

7. Aus der inneren Quelle
weise handeln

ALLGEMEINER ÜBERBLICK

In alter Zeit war das siebte Chakra zweifellos das wichtigste Energiezentrum des Körpers. Es wurde als der Ort betrachtet, wo das individuelle Bewusstsein die Verbindung zu dem universellen Bewusstsein, der unendlichen Intelligenz, herstellen und damit – also mit Gott oder dem Schöpfer – verschmelzen konnte. Die moderne Wissenschaft ist bezüglich des siebten Chakras und der Frage, ob es jenseits von Theologie und metaphorischer Sprache überhaupt existiert, nach wie vor im Ungewissen. Wie können wir uns dieser geheimnisvollen Dimension des inneren Energiesystems wirksam annähern?

Die große Mehrheit der heutigen Menschen führt eine Art schizophrenes Leben. In den Vereinigten Staaten glauben über 80 Prozent der erwachsenen Bevölkerung an Gott, an eine unkörperliche und unendliche Schöpferkraft, die jenseits unseres Universums existiert und am Dasein der Gläubigen unmittelbar Anteil nimmt. Gleichzeitig glauben die meisten dieser Menschen an die wissenschaftliche Methode, die empirische Beweise erfordert, ehe eine neue Theorie genügend Glaubwürdigkeit besitzt und anerkannt wird. Wie können wir die vermeintliche Kluft zwischen unseren spirituellen Überzeugungen und unserer wissenschaftlich geprägten Geistesverfassung überbrücken?

Vor fünfzig Jahren war dieses Dilemma »Wissenschaft versus Geist« kaum aufzulösen, da die Wissenschaft in vielerlei Hinsicht noch in den Kinderschuhen steckte. Heute dagegen ist sie weit fortgeschritten, insofern als die neuen Theorien der Physik und der Astronomie mit den alten Anschauungen in den hoch entwickelten meditativen Traditionen zunehmend übereinstimmen. Folglich werden wir in diesem Kapitel die neuen wissenschaftlichen Theorien über und Beweise für das transpersonale Bewusstsein ebenso erörtern wie die wissenschaftliche Notwendigkeit einer allumfassenden schöpferischen Kraft, welche die materiellen Grenzen des Universums überschreitet.

Aus einem anderen Blickwinkel werden wir uns dann dem siebten Chakra auf gleichsam revolutionäre Weise nähern, die einige traditionelle Yogalehrer vor den Kopf stoßen mag, die aber vollkommen Sinn macht, wenn es um ein effizientes Programm zum inneren Energiemanagement geht.

⇨ Aufgrund unseres pragmatischen Verständnisses betrachtet man das siebte Chakra am besten nicht als jene mystische Stelle oben am Scheitel, die den Kontakt zu einer wie immer gearteten geistigen Wesenheit herstellt, sondern als übergeordnetes Kraftfeld, das alle sieben Chakren auf einer hohen Energie- und Integrationsstufe miteinander vereinigt.

Von daher erforschen wir neue Einsichten in die instinktive Programmierung des ersten Chakras, wodurch diese scheinbar primitive Dimension unseres Energiesystems in Resonanz gebracht wird mit der integrativen Kraft des siebten Chakras. Dabei zeigt sich, dass das erste und das siebte Chakra im Grunde relativ ähnlich sind.

Kurzum, dieser siebte Schritt im Rahmen des Programms wird Sie mit dem notwendigen Instrumentarium ausstatten, das Ihnen ermöglicht, die tieferen Wahrheiten über die eigentliche Quelle Ihrer Energie zu untersuchen. Sobald Sie die Kraft Ihrer Aufmerksamkeit nutzen, um aufrichtig nach innen zu schauen, finden Sie für sich heraus, was dort echt ist. Und dank dieser inneren Gewissheit können Sie schließlich die PEM-Methode regelmäßig anwenden, dadurch die Weisheit Ihrer Energiequelle erschließen und dementsprechend auch weise handeln.

- *Siebte Möglichkeit, Kraft zu schöpfen*: Geben Sie sich der höheren Weisheit hin.
- *Ziel*: Erfahren Sie die Quelle Ihrer Kraft.
- *Schlüsselwort*: »Ganzkörper-Integration«
- *Konzentrationsformel*: »Ich fühle mich durch meine innere Quelle gestärkt ...«

DIE ALTE WEISHEIT

In den alten spirituellen Lehren und Methoden der ganzen Welt herrscht allgemeine Übereinstimmung darüber, dass der menschliche Geist zwar ernsthaft eingeschränkt ist, dass aber ungeachtet dessen jeder von uns die Fähigkeit, die Kraft und die Wahl hat, mit der höheren schöpferischen Macht des Universums in Verbindung zu treten. In bestimmten Religionen wird dieses Gefühl von Gemeinschaft mit Gott und Einheit mit dem Schöpfer zumeist durch das vierte Chakra erfahren. In anderen spirituellen Traditionen wiederum vollzieht sich die menschliche Transzendenz und Illumination im siebten Chakra am Scheitel – ja oberhalb des Kopfes, jenseits des Körpers.

Außerdem sind sich die großen geistigen Lehrmeister aller Epochen in folgendem Punkt einig: Wer auf die Dominanz des Ego verzichtet und sich der Gemeinschaft mit Gott gleich welchen Namens öffnet, gelangt in einen ebenso hellsichtigen wie glückseligen Bewusstseinszustand, der dem Zugriff des Ego entzogen ist. Tatsächlich soll dieses Bewusstsein des siebten Chakras sowohl das kognitive Denken als auch die gesamte dreidimensionale Wirklichkeit übersteigen.

In der altindischen Yogatradition wurden die Schüler in einem bestimmten Stadium ihrer geistigen Entwicklung vor die Entscheidung gestellt, dem einen oder dem anderen Weg zu folgen – entweder den Herzweg des *Dharmas* zu beschreiten mit dem Ziel, Körper und Seele mit Liebe aufzuladen und diese Energie in das Leben der Mitmenschen ausstrahlen zu lassen, oder den einsamen Weg individueller Erleuchtung zu wählen, ihre sterbliche Energie gezielt zu läutern und nach oben in das sechste und siebte Chakra zu leiten, wo sie dann blitzartige, übernatürliche Einsichten hervorruft, ohne jede Beteiligung an der alltäglichen Welt.

Dieses Buch ist nicht darauf angelegt, Ihnen beizubringen, wie Sie in den Zustand transzendentaler Erleuchtung gelangen. Wenn Sie den Wunsch haben, der Welt zu entsagen und Ihr Leben der mystischen Versenkung oder Ekstase zu widmen, müssen Sie einen geistigen Lehrmeister finden, der Ihre Absicht teilt und Sie mit jenen Methoden vertraut macht, die zur Erleuchtung führen. Unser Programm hingegen wird Ihnen sicherlich helfen, die Erfahrung mit der persönlichen Energie mehr zu genießen, und darüber hinaus zeigen, wie Sie deren Reserven gut verwalten, um ein helleres Licht, ein wärmeres Herz sowie eine mitfühlendere und charismatischere Leitfigur in Ihrer Gemeinschaft zu werden.

In diesem Kapitel beschäftigen wir uns damit, wie Sie Ihren Geist beherrschen können, um Ihre einzigartige energetische Verbindung zum Schöpfer näher zu erforschen und außerdem die Energie des siebten Chakras so zu nutzen, dass die übergeordnete Weisheit und Kraft aus Ihrem Wesen ins alltägliche Leben mit einfließt. Mit anderen Worten: Wir möchten Ihnen helfen, die Energie des Einfühlungsvermögens und der Liebe im vierten Chakra mit der höheren Energie der Einsicht und der Weisheit im siebten Chakra zu verschmelzen, damit Sie die besten Qualitäten beider Bereiche erfahren und zum Ausdruck bringen können.

⇨ Wie reagieren Sie auf unsere hier geäußerte Absicht? Genauer gefragt: Aus welchem wesentlichen Grund möchten Sie lernen, Ihre inneren Energiereserven nachhaltiger zu nutzen? Verfolgen Sie das Ziel, der Welt den Rücken zu kehren und sich vor allem auf deren Überwindung sowie auf die eigene Erleuchtung zu konzentrieren? Oder wollen Sie lieber in Richtung des Herzweges gehen, auf dem Sie lernen, die energetische Beziehung zu den Menschen in Ihrer Gemeinschaft zu verbessern?

Halten Sie inne, solange Sie das Bedürfnis danach haben … Kommen Sie in Einklang mit Ihrer Atmung, hier, in diesem Augenblick … Seien Sie sich der Gefühle im Herzen bewusst … Lauschen Sie der inneren Stimme, die zu Ihnen spricht, wenn das Ego schweigt … Seien Sie empfänglich für jede Einsicht, die Ihnen zuteil wird …

Machen Sie eine Pause und denken Sie
über Ihre Antworten zu den obigen Fragen nach.

Erweitern Sie Ihren Erfahrungsbereich
in mehrere Richtungen

In ähnlicher Weise, wie die heutige Wissenschaft sowohl nach außen in den Makrokosmos als auch nach innen in den Mikrokosmos vorstößt, um nach dem Urgrund der Schöpfung zu suchen, erforschten auch die alten Lehrmeister die Kraft des menschlichen Geistes, um sich mit den Mikro- und Makroebenen des Bewusstseins zu verbinden.

Wie zuvor erwähnt, wurden vielerlei wirksame Meditationstechniken ersonnen, mittels deren das individuelle Bewusstsein den Kontakt zu der unendlichen Gegenwart des Schöpfers oberhalb und jenseits des siebten Chakras herstellte. Diese Art der Meditation – praktiziert zum Beispiel im *Kundalini*-Yoga – befasste sich mit der spürbaren Bewegung und Umwandlung jener Energie, die entlang der Wirbelsäule aufsteigt und oben am Kopf ausströmt.

Unterdessen entwickelten sich noch andere meditative Methoden und geistige Lehren, die nicht auf das individuelle Bewusstsein oberhalb und jenseits des siebten Chakras abzielten, sondern direkt auf das vierte Chakra – also auf den unergründlichen Kern der geistigen Kraft und Erkenntnis, die von zahlreichen Menschen im eigenen Herzen und Wesen erfahren wird.

Wir sollten hinzufügen, dass beide meditative Annäherungen an diese hohe Form des Energiemanagements ein bestimmtes kognitives Hilfsmittel gemeinsam haben und ein weiteres ablehnen.

⇨ Die Verfechter beider Ansätze gründeten ihre Methoden und Entdeckungen nämlich nicht auf hochfliegende Gedanken und Theorien, sondern auf die unmittelbare innere

Erfahrung – ähnlich wie die Wissenschaft die Sammlung von Daten den Spekulationen des Verstandes vorzieht.

Infolgedessen wird die tägliche Einübung der Meditation nicht als eine Religion aufgefasst, denn diese beruht auf einem allgemein akzeptierten Glaubenssystem, jene hingegen auf einer allgemein akzeptierten Methodologie und einzigartigen inneren Erfahrung. Das Christentum ist eine Religion, getragen von einer bestimmten Reihe geistiger Überzeugungen, die wiederum durch die theologische Aktivität des Verstands hervorgebracht und aufrechterhalten werden. Da das Christentum (mit Ausnahme gewisser esoterischer Sekten und kontemplativer Praktiken) keine meditative, sondern eine theologische Tradition darstellt, waren wir außerstande, daraus die Grundsätze für ein psychologisch ausgereiftes Energiemanagement abzuleiten.

Die christliche Tradition beinhaltet eine Vielzahl von Regeln und Vorschriften, wie man seine persönliche Kraft in der Welt einsetzen soll. Doch bislang ermangelt die gesamte westliche Kultur einer soliden Methode zum rechten Umgang mit dieser Kraft. Eben deshalb haben wir uns der auf Erfahrung aufbauenden Methodologie im Buddhismus und im Yoga zugewandt, um tiefe Einblicke in die Funktionsweise unserer Psyche zu gewinnen.

Integrative Kraft

Sie werden bemerken, dass wir Ihnen in diesem ganzen PEM-Programm keine Überzeugungen hinsichtlich Ihres inneren Energiesystems »einimpfen«, sondern Sie eher dazu ermuntern, sich selbst auf die Suche zu begeben und Entdeckungen aufgrund persönlicher Erfahrung zu machen. Die Vorstellungen, die wir zur Sprache bringen, sollen Ihre Aufmerksamkeit genau darauf lenken und Sie dann in die Lage versetzen, eigene Schlüsse zu ziehen aus dem, was Sie herausgefunden haben.

⇨ Wir sind zu der allgemeinen Auffassung gelangt: Wenn westliche Individuen die in ihrem höchsten Kraftzentrum vorhandene Aufmerksamkeit direkt nach innen auf ihr Wesen richten, haben sie die natürliche Neigung, sich am geheimnisvollen vierten Chakra im Herzen zu orientieren, nicht am Scheitel. Offenbar verbindet sich unser Wesen gerade durch das Herz mit den transpersonalen Quellen der Liebe, der Weisheit und der geistigen Energie.

In diesem siebten und letzten Kapitel des ersten Teils nähern wir uns dem sublimen Höhepunkt des persönlichen Energiemanagements. Bitte denken Sie nicht, Sie müssten auch nur eine unserer Botschaften vorbehaltlos übernehmen. Wir übermitteln lediglich unsere inneren Erfahrungen sowie die von zahlreichen Ratsuchenden und Schülern, welche unsere Methode anwenden. Die Herausforderung besteht darin, das Programm vielleicht einen Monat lang konsequent einzuüben, sodass Sie imstande sind, eigene Erfahrungen zu machen, daraus dann eigene Folgerungen abzuleiten und schließlich sogar eigene Vorstellungen zu entwickeln, die von eben diesen inneren Erfahrungen zeugen.

Es folgt nun jene Technik, die wir für die Behandlung der Energien im siebten Chakra am wirksamsten erachten. Dieses bemerkenswerte Energiezentrum besitzt die eigentümliche Kraft, die Aufmerksamkeit noch weiter auszudehnen, wodurch Sie sich all Ihrer Energiezentren gleichzeitig bewusst werden. Die am stärksten aufgeladene Stelle Ihres Körpers stellt offenbar die wichtigste integrative Kraft dar, die Ihr Energiesystem zu einer optimal funktionierenden Einheit macht. Durch die Konzentration auf das siebte Chakra werden wir tatsächlich tief greifend verändert, weil sich die zunächst disparaten energetischen Teilbereiche plötzlich zu einem organischen, übergeordneten Ganzen zusammenfügen. Das heißt, die Kraft des siebten Chakras ist gleichsam das Bindemittel oder Bindegewebe – jene durch und durch geistige Intelligenz, die den Prozess der energetischen Homöostase in Gang bringt.

Widmen wir uns also dieser letzten Bewusstseinsübung, damit Sie am eigenen Leib erfahren können, wovon wir hier eigentlich sprechen.

⇨ Zuerst sollten Sie die Aufmerksamkeit auf jedes einzelne Chakra richten und dann vom ersten bis zum siebten immer höher aufsteigen.

1. Sprechen Sie sich das Stichwort »Wurzel« vor und kommen Sie in Einklang mit Becken, Beinen und Füßen.

2. Lenken Sie die Aufmerksamkeit etwas weiter nach oben und sagen Sie zu sich das Wort »Geschlecht«.

3. Sprechen Sie das Wort »Kraft« aus, während Sie sich auf den Bereich tief im Bauch besinnen.

4. Versenken Sie sich nun in Ihre Brust und artikulieren Sie das Wort »Herz«.

5. Verlagern Sie den Fokus weiter nach oben in Kehle, Mund und Verstand und sagen Sie zu sich: »Kommunikation.«

6. Gestatten Sie dann Ihrer Aufmerksamkeit, zum schöpferischen Zentrum Ihres höheren Bewusstseins aufzusteigen, während Sie den Ausdruck »Schöpferische Einsicht« formulieren.

7. Lassen Sie schließlich zu, dass sich Ihre Aufmerksamkeit extrem ausdehnt, um auch den Scheitel mit einzubeziehen, und dass die integrative Kraft des siebten Chakras den gesamten Körper umfasst, während Sie weiterhin auf Ihre Atmung achten … Fixieren Sie sich nicht mehr auf einen bestimmten Punkt im Körper, werden Sie sich stattdessen seiner Ganzheit bewusst … Empfinden Sie diese verbindende Energie, die durch Ihr Inneres strömt, sobald Sie alle Aspekte des eigenen Energiesystems gleichzeitig wahrnehmen …

Während Sie sich dieser Ganzkörpererfahrung hingeben, erlauben Sie Ihrer Aufmerksamkeit, tiefer und tiefer zum inneren Wesen vorzudringen, in die Mitte des Herzens … Sprechen Sie sich dann die Konzentrationsformel vor:

>>*Ich fühle mich durch meine innere Quelle*
gestärkt …<<

••

PSYCHOLOGISCHE EINSICHTEN

In diesem Buch haben wir uns immer eingehender mit der Frage auseinandergesetzt, was es eigentlich bedeutet, die Kraft der Aufmerksamkeit als kognitives Hilfsmittel zur Beherrschung des inneren Energiesystems zu nutzen. Unsere

Kultur hat deshalb so langsam gelernt, wie man mit jener so wichtigen persönlichen Kraft richtig umgeht, weil die Wissenschaft eine ganze Weile brauchte, um sich deren Quelle – dem Bewusstsein selbst – überhaupt anzunähern.

Wir hoffen, dass Sie durch die Lektüre und die Übungen das ungeheure Potenzial entdecken, das Ihrer fokussierten Aufmerksamkeit innewohnt. Zu lernen, sowohl die Kontrolle als auch die Verantwortung dafür zu übernehmen, worauf man die Aufmerksamkeit in jedem Moment des Lebens richtet, ist ein riesiger Schritt nach vorn. Und im Rahmen dieses Programms haben Sie gelernt, wie Sie die Kraft der Aufmerksamkeit auf Ihr energetisches Selbst lenken. So mögen Sie jetzt auch verstehen, warum wir Sie mehrmals durch den gleichen elementaren Prozess geführt haben; erst indem man einen neuen kognitiven »Muskel« immer wieder trainiert, wird er stärker und leistungsfähiger.

Wir fordern Sie eindringlich auf, diese scheinbar einfachen Bewusstseinsübungen in den nächsten Wochen regelmäßig zu wiederholen, damit Sie sie immer besser beherrschen. Was Ihr Leben danach betrifft, so werden Sie feststellen, dass Sie umso stärker werden, je öfter Sie Ihre Aufmerksamkeit schulen.

▭➪ Außerdem werden Sie merken, dass die kognitiven »Muskeln« ebenso wie die physischen Muskeln ziemlich schnell degenerieren, wenn Sie sie nicht mehr trainieren. Persönliche Kraft und energetisches Gleichgewicht müssen kontinuierlich überwacht werden, sonst versinken Sie in Trägheit und fallen den alten Gewohnheiten zum Opfer.

Wie Sie gesehen haben, verfügt das Bewusstsein über zwei unterschiedliche Mittel, die Kraft der Aufmerksamkeit einzusetzen. Entweder Sie konzentrieren sich auf einen bestimmten Punkt im Raum – oder Sie lösen sich davon und nehmen sämtliche Aspekte des Ganzen gleichzeitig wahr. Ebenso können Sie sich auf einen Gedanken nach dem anderen konzentrieren, der Ihnen durch den Kopf geht – oder das Gerede im Verstand abstellen und die Aufmerksamkeit auf jene nonverbalen, intuitiven Einsichten und Erkenntnisse richten, die Ihnen zuteil werden.

⟹ Und im Hinblick auf den ursprünglichen Zweck dieses Programms zum inneren Energiemanagement können Sie sich entweder auf jeweils ein Chakra besinnen – oder diese Fixierung aufgeben und die Aufmerksamkeit erweitern, um Ihr gesamtes Energiesystem als ein vollständiges Ganzes zu erfassen.

Wie bei der Gegenüberstellung von deduktivem und intuitivem Denken gibt es auch hier weder »richtig« noch »falsch«. Es ist gut, sich nacheinander auf jedes einzelne Energiezentrum zu konzentrieren, und ebenso gut, sich auf alle Energiezentren gleichzeitig und damit auf das größere Ganze zu konzentrieren. Bitte vergessen Sie bei der täglichen Arbeit am PEM-Programm nicht, dass es wichtig ist, beide geistigen Funktionen einzuüben, die gleichwertig *und* gegensätzlich sind.

Sie haben gewiss für sich herausgefunden, dass Sie Ihre Aufmerksamkeit viel besser auf einen bestimmten Punkt als auf das Ganze richten können. Unsere technologische Zivilisation verehrt geradezu die mentale Funktion der linear-deduktiven Methode. Obwohl die Firmen oft halbherzige Versuche unternehmen, das intuitive und kreative Denken am Arbeitsplatz zu fördern, werden wir nur sehr selten darin bestärkt, unseren Geist zu beruhigen, allzu starke Fixierungen aufzulösen und gelassen dem Ganzen Vorrang einzuräumen.

Hoffentlich schätzen Sie nun dank diesem Buch und dem Programm Ihre intuitive Fähigkeit, sämtliche Aspekte des inneren Energiesystems auf einmal zu erfassen, ziemlich hoch ein; denn Ihr Erfolg mit dem siebten Chakra und seinem Potenzial hängt davon ab, dass Sie diese Fähigkeit regelmäßig einüben, um die Aufmerksamkeit auszudehnen und alle sieben Energiezentren gleichzeitig mit einzubeziehen.

Kraft durch Unterordnung des Ego

Definitionsgemäß gedeiht unser Ego dadurch, dass es sich auf einen bestimmten Punkt fixiert. Die manipulative Funktion des Bewusstseins erfordert logisch-deduktives Denken sowie einen schrittweise auszuführenden Plan, der die Verbindung zwischen Vergangenheit und Zukunft herstellt. Der Witz des persönlichen Energiemanagements liegt gerade darin, dass diese manipulative, vom Ego unterstützte Funktion sich der integrativen Funktion des Bewusstseins vorübergehend unterordnen muss, wenn schließlich eine harmonische Verteilung und optimale Wirkung der inneren Kräfte erreicht werden soll.

⇨ Leider versuchen viele Menschen aufgrund der begrenzten Vorstellungen des Ego hinsichtlich der Homöostase ihre Energiezentren unter Kontrolle zu bringen, indem sie ein jedes zwanghaft stärker beziehungsweise schwächer aufladen. Doch wie wir in diesem Buch bereits ausgeführt haben und wie Sie es jetzt selbst erfahren, wird die natürliche

Weisheit des Körpers auf der energetischen Ebene nicht durch Manipulation aktiviert, sondern durch die bedingungslose Hingabe an die tieferen intuitiven Prozesse in Körper und Bewusstsein.

Sie haben sicherlich bemerkt, wie mühevoll es sein kann, sich einfach nur auf die Luft zu besinnen, die durch die Nase ein- und ausströmt, davon dann Abstand zu nehmen, die Aufmerksamkeit auszudehnen und gleichzeitig all der Empfindungen in Brust und Bauch gewahr zu werden, während Sie weiterhin auf Ihre Atmung achten.

Eine scheinbar leichte Übung – doch solange das Ego nicht aufhört, sich immer bloß auf einen Punkt nach dem anderen zu fixieren, kann man offensichtlich nicht wahrnehmen, dass die Atmung mitsamt den damit verbundenen Erfahrungen einen einheitlichen Prozess darstellt. Falls Ihnen dies immer noch Schwierigkeiten bereitet, so seien Sie versichert, dass es den meisten Menschen genauso geht. Und Sie können auch versichert sein, dass Sie, mit dem PEM-Programm fortfahrend, plötzlich folgende Entdeckung machen werden: Sobald Sie sich entspannen und nicht mehr auf einen Punkt fixiert sind, wird Ihnen fast ohne Anstrengung das Ganze bewusst.

Mögen Sie zudem erkennen, dass Sie sich sofort besser fühlen, wenn Sie zeitweise keinen bestimmten Punkt fixieren. Ob es sich um einen Punkt im Raum oder um einen Punkt im Verstand handelt – diese Konzentration erfordert Energie und bedeutet Arbeit. Deshalb ist es letztlich so ermüdend, ständig nachzudenken, und deshalb fühlen Sie sich mit einem Mal so wohl, wenn Sie innerlich loslassen und einfach das Gefühl von Ganzheit empfinden.

Erübrigen Sie nun einige Minuten, in denen Sie diese Erfahrung erneut machen, also Ihre Fähigkeit einüben, auf punktuelle Fixierung zu verzichten, und dann die Einsicht in den Gesamtzusammenhang voll auskosten.

Spüren Sie die Luft, die durch die Nase ein- und ausströmt … Dehnen Sie Ihre Aufmerksamkeit aus, um jene durch die Atmung hervorgerufenen Bewegungen in Brust und Bauch mit einzubeziehen … Vergegenwärtigen Sie sich gleichzeitig die Gefühle im Herzen … Erweitern Sie Ihr Bewusstsein noch mehr, damit es den ganzen Körper umfasst, hier, in diesem Augenblick …

Machen Sie eine Pause und genießen
Sie Ihren Zustand.

Ein Chakra nach dem anderen

Werfen wir einen abschließenden Blick auf die einzelnen Energiezentren, um weitere Qualitäten hervorzuheben, die sie jeweils kennzeichnen. Jedes Mal, wenn Sie sich auf ein Chakra nach dem anderen konzentrieren, machen Sie dabei natürlich neue Erfahrungen. Außerdem wird Ihnen allmählich klar, dass jedes Chakra einzigartig ist, zugleich aber genauso wie die anderen danach strebt, seine gesunde Ladung aufrechtzuerhalten.

Bleiben Sie fest verwurzelt. Sobald Sie sich das Wort »Wurzel« vorsprechen und Ihre Aufmerksamkeit bis hinunter zu den Fußsohlen ausdehnen, die den Boden berühren, gelangen

Sie tiefer in die irdische Wirklichkeit Ihrer Existenz – eines vitalen Geschöpfs auf diesem Planeten.

Das Wurzelchakra lädt Sie auf vielfältige Weise mit jener Überlebensenergie auf, die Ihnen ermöglicht, von einem Augenblick zum nächsten weiterzuleben. Aber in jedem Augenblick, da Sie Ihrem ersten Energiezentrum in Becken, Beinen und Füßen keinerlei Beachtung schenken, sind Sie nicht geerdet und daher in Gefahr, nicht zu überleben. Dagegen bewirkt die regelmäßige Konzentration auf dieses Chakra eine ganz reale physische Erfahrung, dank deren Sie Ihre von Angst beherrschten Sorgen um das eigene Überleben vermeiden und solche wesentlichen Gefühle wie Vertrauen, Geborgenheit, Zuversicht genießen können. Also legen Sie bitte mehrmals täglich eine Pause ein und artikulieren Sie das Wort »Wurzel«, um die Kraft im ersten Chakra zu steigern.

Bewahren Sie Ihre sexuelle Anziehungskraft: Sobald es darum geht, die Aufmerksamkeit vom Wurzelchakra etwas weiter nach oben auf das Sexualchakra zu lenken, sind viele Menschen sogleich verwirrt und beschämt – sie fühlen sich bedroht oder gar abgetrennt von dieser wichtigen Energie. Wenn Sie meinen, dies treffe auch auf Sie zu, dann versichern wir Ihnen, dass Sie sich mit ihr umso wohler fühlen, je öfter Sie innehalten, sich das Stichwort »Sex« vorsagen und dadurch einen besonderen Akzent auf die sexuelle Energie legen.

Wir sind sexuelle Wesen. Indem wir in jedem Moment unseres Lebens ein gesundes Maß an Sexualität beibehalten, werden uns Spannkraft, Kreativität und Aufmerksamkeit seitens der anderen Menschen zuteil. Missachten oder entwerten wir dagegen das Sexualchakra, gerät der gesamte Energiezustand des Körpers aus dem Gleichgewicht. Genau das passiert auch dann, wenn das zweite Chakra überreizt wird. Die Sucht nach einer allzu hohen sexuellen Ladung führt dazu, dass die inneren Energiequellen extrem beansprucht und geschädigt werden. Sorgen Sie also in den nächsten Wochen und Monaten dafür, mindestens fünf bis zehn Mal am Tag die Aufmerksamkeit in gesunder Weise auf das Sexualchakra im Genitalbereich zu richten, damit diese schöpferische Kraft pfleglich behandelt und gewürdigt wird.

Achten Sie Ihre persönliche Kraft. Natürlich besitzt jedes der sieben Chakren seine eigene Kraft. Das dritte Chakra gründet auf den Überlebensinstinkt des ersten Chakras sowie auf den Fortpflanzungstrieb des zweiten Chakras und verfeinert diese emporschießenden Kräfte, damit sie dem individuellen Willen dienlich sind. Indem wir diese drei ersten Zentren harmonisch miteinander verbinden und respektieren, erlangen wir die Fähigkeit, deren rohe Energieladung in Richtung der höheren Zwecke des Bewusstseins zu lenken.

Genauso wie die instinktive Energie des Sexualchakras durch die mitfühlende Liebe des Herzchakras verwandelt wird, wird auch die Willenskraft des Nabelchakras gereinigt und verwandelt durch den energetischen Einfluss der höheren Chakren. Bleibt es isoliert oder allzu dominant, kann dieses dritte Energiezentrum ein wahres Ungeheuer sein. Doch wie wir gesehen haben, können die Chakren im Grunde nicht völlig voneinander getrennt werden. Entscheidend ist, dass die regulative Intelligenz des fünften Chakras die Willenskraft würdigt und angemessen zum Ausdruck bringt. Daher sollten Sie jedes Mal, wenn Sie das Wort »Kraft« aussprechen und Ihre Aufmerksamkeit tief nach unten in den Bauch vordringen lassen, ganz offen werden, um Ihre persönliche

Kraft zu achten und mit den höheren Energiezentren zu verbinden.

Bleiben Sie im Herzen zentriert. Schauen Sie sich heute oder morgen einmal an Ihrem Arbeitsplatz um: Wie viele Kollegen und Kolleginnen scheinen dem vierten Chakra ein hohes Maß an Beachtung zu schenken, während sie ihren beruflichen Angelegenheiten nachgehen? Arbeiten Sie mit ziemlich herzlosen Menschen zusammen? Oder sind diese »mit Leib und Seele« bei der Sache? Wir alle wissen: Wenn wir etwas mit innerer Beteiligung tun, leisten wir bessere Arbeit. Und was Sie persönlich sowie den gewünschten Erfolg betrifft, so raten wir Ihnen, die in diesem Buch gestellte Aufgabe ernst zu nehmen – also mehrmals stündlich das Wort »Herz« auszusprechen und in jene Empfindung hineinzuatmen, die dadurch hervorgerufen wird, dass Sie die Aufmerksamkeit auf Ihr Herz und dessen einzigartige Energie richten.

Achten Sie bei dieser regelmäßigen Besinnung auf das Herz unbedingt auch darauf, ob und inwieweit Sie das Gefühl haben, dass jene einzigartige Kraft des Mitgefühls und der inneren Beteiligung mit den anderen Chakren aktiv zusammenwirkt. Sie wissen zum Beispiel, dass es keine Freude macht, das Überleben zu sichern, sich sexuell zu betätigen, den eigenen Willen durchzusetzen oder Gedanken nachzuhängen, wenn dabei keine Liebe mit im Spiel ist. Erst indem Sie sich auf das Herz konzentrieren, strömt Liebe ein, wie wir im vierten Kapitel gesehen haben. Wenn es dagegen ständig verschlossen ist, wird der Strom der Liebe aus Ihrem Leben ferngehalten. Erneut können Sie mit logischer Klarheit erkennen, dass Sie selbst in jedem Augenblick darüber entscheiden, worauf sich Ihre Aufmerksamkeit richtet – ob Sie das Herz achten und den Menschen ringsum Liebe entgegenbringen oder ob Sie das Herz übergehen und in einer herzlosen Welt leben. Sich dieser Wahl bewusst zu sein heißt, entsprechend zu handeln.

Übermitteln Sie Ihre wahren Absichten und empfangen Sie weise Botschaften. Wenn Sie so sind wie die meisten Menschen, ist Ihr fünftes Energiezentrum fast ständig zu stark aufgeladen. Dann hegen Sie vielerlei ängstliche Gedanken, eifrig darum bemüht, sich aus dieser Zwangslage zu befreien und den in die Zukunft projizierten Gefahren auszuweichen. Ein wenig sorgenvolles Denken und Planen gehört sicherlich zu unserem Leben mit dazu. Doch wir ermuntern Sie, allmählich jene Weisheit zu erkennen, die darin liegt, das eigene Bewusstsein in den Griff zu bekommen, die Aufmerksamkeit immer wieder von den Gedanken zu lösen und auf die anderen Energiezentren zu richten – sowie auf die Ganzkörpererfahrung, die aus der Konzentration auf den gegenwärtigen Augenblick resultiert und einen hohen Genuss bereitet.

Außerdem ist es äußerst klug, zu lernen, wie man mehr Herz und Seele in die mentale Aktivität des fünften Chakras einbringt. Sie müssen sich etwa nur daran erinnern, beim Denken die Atmung bewusst wahrzunehmen – und schon wird es verändert. Das heißt, Sie integrieren den gegenwärtigen, von Intuition beherrschten Augenblick in den Gedankenfluss und erwecken dadurch tiefere, innigere Gedanken. Bitte vergessen Sie in diesem Zusammenhang auch nicht, welch große Weisheit Ihnen zuteil wird, wenn Sie von der Übermittlungsfunktion auf die Empfangsfunktion umstellen und zuhören. Sobald das Ego schweigt und den intuitiven Einsichten des Herzens lauscht, wird das fünfte Chakra von seinen Gegensätzen gespeist, sodass es Gedanken hervorbringt, die wirklich schöpferisch, glaubwürdig und geistreich sind.

Schalten Sie die Lichter ein. Wir haben gesehen, dass das sechste Energiezentrum in vielerlei Hinsicht den Gegensatz zum dritten und fünften Energiezentrum bildet. Die unteren Chakren wollen die Welt dazu treiben und zwingen, sich unseren persönlichen Bedürfnissen anzupassen, während die höheren Chakren genau in der entgegengesetzten Richtung wirken. Die intuitive und kreative Funktion des Bewusstseins ist in keiner Weise manipulativ und drängt nie darauf, Beachtung zu finden. Ähnlich wie die Tür, die sich zur einen Seite nicht öffnen lässt, wie kräftig man auch dagegen drückt, aber mühelos zur anderen Seite aufgeht, verlangt auch das sechste Energiezentrum, dass wir die Dinge nicht mehr forcieren, wenigstens zeitweise auf die Manipulationen unseres Ego verzichten und empfänglich werden, um so mit dem intuitiven Genius und der integrativen Weisheit jenseits aller Aktivitäten des fünften Chakras in Einklang zu kommen.

Oft meinen die Leute, zwischen den manipulativen Kräften des Ego sowie den unteren Energiezentren einerseits und den spontanen, integrativen Kräften der höheren Energiezentren andererseits müsse eine Art Kampf stattfinden. Uns erscheint dieser Ansatz keineswegs erfolgversprechend. Wir erkennen zwar an, dass das Ego seine eigene Intelligenz besitzt, wissen zugleich aber auch, wie wertvoll es ist, immer wieder zur Ruhe zu kommen und den höheren mentalen Funktionen Vorrang einzuräumen. Bei jeder Einübung des PEM-Programms lernt das Ego durch Erfahrung, was geschieht, wenn Sie Vertrauen haben und daran glauben, dass Ihr Energiesystem ein einheitliches Ganzes bildet. In einem sehr wahren Sinne fördern Sie Ihre persönliche Entwicklung, indem Sie das Bewusstsein regelmäßig unter Kontrolle bringen, sodass es alle sieben Energiezentren mit einschließt.

Aktivieren Sie die Verbindung zwischen den Chakren. Wahrscheinlich haben Sie bereits eine grafische oder sogar filmische Darstellung des elektromagnetischen Kraftfelds der Erde gesehen: jene großen Bogen voll Energie, die oben aus dem Nordpol hervorgehen, dann – statt weit in den Raum zu schießen – sich nach unten wölben, um den Äquator, und schließlich an der Spitze des Südpols wieder in die Erde eindringen. Dergleichen geschieht tatsächlich auch, wenn wir uns jener Energie nähern, die durch unseren Körper bis zum Scheitel aufsteigt; sie bewegt sich nach oben, tritt am Kopf aus, fließt dann bogenförmig immer weiter abwärts und tritt durch die Fußsohlen wieder in den Körper ein. Dieser ist zweifellos ein elektromagnetisches Kraftfeld. Demnach veranschaulichen wir diese Verbindung und Vereinigung zwischen der unteren und der oberen Ebene unseres Energiesystems auf ziemlich konkrete Weise und gemäß den anerkannten wissenschaftlichen Modellen.

Ähnlich scheinen noch feinere Energiefelder zwischen unterem und oberem Körperbereich ineinander überzugehen. Daher ist es nicht überraschend, dass, wenn wir das siebte Chakra erreichen, der natürliche homöostatische Impuls jene blitzartige Erweiterung unseres Bewusstseins bewirkt, dank deren wir sämtliche Punkte unseres Energiesystems gleichzeitig wahrnehmen. An dieser Stelle müssen Sie nicht mehr tun, als sich das Stichwort »Ganzkörpererfahrung«

vorzusprechen und zu gestatten, dass es seine magische Kraft entfaltet und Ihr Bewusstsein dazu bringt, unmittelbar die Ganzheit zu erfassen. Obwohl das zunächst schwierig erscheinen mag, gilt auch hier: Haben Sie einfach Geduld, genießen Sie es, den PEM-Prozess immer wieder zu durchlaufen – und vertrauen Sie darauf, dass Sie jedes Mal umso mehr imstande sein werden, über die energetischen Teilbereiche hinaus Ihre energetische Einheit zu erleben.

Direkte Verbindung

Mittlerweile haben wir mehrfach betont, dass dieses Buch weder ein religiöser Text ist noch als esoterische Anleitung zur geistigen Erleuchtung dienen soll. Diejenigen unter Ihnen, die ihr Denken auf eine solide Reihe wissenschaftlicher Überzeugungen gründen, brauchen nun keine weiteren Hinweise mehr zum siebten Chakra. Den anderen aber mit einem besonderen Interesse an Bewusstseinsbereichen, die gegenwärtig völlig außerhalb wissenschaftlicher Methodik liegen, würden wir gerne zusätzliche Informationen darüber geben, wie der Umgang mit der Energie im siebten Chakra mit transpersonalen Einsichten zusammenhängt.

Das menschliche Bewusstsein und seine Beziehung zu der offenbar unermesslichen schöpferischen Intelligenz, die unser Universum hervorbrachte, markieren zweifellos die nächste, von der Wissenschaft in Angriff zu nehmende Grenze unseres Erkenntnisvermögens.

⇨ Selbst die treuesten Anhänger der wissenschaftlichen, auf formaler Logik beruhenden Methode müssen zugeben, dass sehr wohl eine Macht oder Intelligenz existiert, die das bisher geschaffene Universum übersteigt und jenseits davon angesiedelt ist. Daher können wir auch in wissenschaftlichen Kreisen genauso offen über die Gegenwart des Schöpfers wie über die Intelligenz und das Bewusstsein diskutieren, die er besitzen muss und dank deren er jene multidimensionale Wirklichkeit schuf, die wir als »Universum« bezeichnen.

Aufgrund logischer Deduktion macht es vollkommen Sinn, anzunehmen, dass Bewusstsein und Intelligenz des Schöpfers das Universum durchdringen und überdies auf begrenzte Weise in dem Bewusstsein und der Intelligenz des Menschen zum Ausdruck kommen. Da unser Bewusstsein nicht innerhalb des traditionellen Raum-Zeit-Kontinuums tätig ist, gibt es gegenwärtig keine wissenschaftliche Methode, auch nur seine Existenz zu beweisen, geschweige denn sein Wesen und seine veränderlichen Größen zu erhellen.

Doch wenn wir den Punkt erreichen, wo wir unsere Aufmerksamkeit auf das siebte Chakra – entweder am Scheitel oder im Zentrum des Herzens – richten, scheint die von so vielen aufrichtigen und gesunden Menschen berichtete Erfahrung, plötzlich einer höheren Gegenwart oder Bewusstseinsqualität begegnet zu sein, durchaus Sinn zu machen. Demnach verfügen wir über ein auf Empirie gestütztes Modell, um uns einer Erklärung des transpersonalen Bewusstseins anzunähern.

Diese siebte Dimension des persönlichen Energiemanagements führt uns an die Stelle, wo wir zu Forschern werden. Wir wagen uns ins Unbekannte vor, ausgerüstet mit den kognitiven Hilfsmitteln, die wir in diesem Buch erworben haben, und entdecken das scheinbar unendliche Gebiet des Bewusstseins selbst. Dabei besteht keinerlei Notwendigkeit, in irgendeinem bestimmten Glaubenssystem stecken zu bleiben, welches Funktion und Potenzial des siebten Chakras zum Gegenstand hat.

⇨ Wir ermuntern Sie einfach dazu, bei jeder Durcharbeitung des PEM-Programms für neue Erfahrungen offen zu sein, sobald Sie zum siebten Energiezentrum vordringen. Jedes Mal werden Sie auf etwas stoßen, das Ihnen bisher unbekannt war. Genau darin liegen das große Vergnügen, der Reiz und die Kraft dieser Methode.

Jenseits der Sprache

Wir könnten über all dies noch viele weitere Überlegungen anstellen und zur Sprache bringen. Das persönliche Energiemanagement ist ein ebenso fantastisches wie faszinierendes Thema. Aber wir verfolgen nicht die Absicht, noch umfassendere Vorstellungen in dieser Richtung zu entwickeln, sondern möchten über den bloßen Diskurs hinausgehen, damit Sie für sich selbst die Wirklichkeit *jenseits der Sprache* erfahren können.

Wenn Sie zusätzliche Hinweise zu den hier behandelten Themen wünschen, besuchen Sie einfach unsere Website, die reichhaltiges Lesematerial enthält. Was dieses Buch betrifft, so ist es an der Zeit, zum zweiten Teil überzugehen – zu der formalen Präsentation der Methode, mit der Sie inzwischen vertraut geworden sind – und Ihnen völligen Freiraum zu lassen, damit Sie den inneren Prozess noch besser beherrschen und jederzeit auf das tägliche Leben übertragen können. Haben Sie Freude daran!

ZWEITER TEIL

Die praktische Anwendung
des PEM-Programms

● ●

Überblick über
das tägliche Programm

Bei der Ausarbeitung dieser Methode bestand unsere Herausforderung darin, ein Programm zu entwickeln, das Sie jederzeit schnell bewältigen können, ob in der Arbeit oder zu Hause. Wir haben unser Bestes getan, um einen äußerst vielschichtigen Prozess so zu vereinfachen, dass Sie ihn bereitwillig auswendig lernen und meistern, dann jeden Tag eine Pause einlegen und eines der drei grundlegenden Hilfsmittel (siehe Seiten 194 / 195) zum persönlichen Energiemanagement in der Praxis anwenden.

Sie haben verschiedene Aspekte dieser drei Hilfsmittel während der Lektüre des ersten Teils bereits kennengelernt. Nun sind Sie imstande, Methode und Prozess zu vertiefen, sei es im Rahmen des vorliegenden Buches oder unter *www.selbyvideo.com / german*, wo Sie audiovisuelle Anleitungen finden, die Ihnen helfen, beide zu verinnerlichen und immer besser in den Griff zu bekommen.

Die PEM-Methode setzt sich aus den folgenden fünf Strukturelementen zusammen, die dann weiter unten in den Abschnitten A bis E ausführlicher behandelt werden:

1. *Hilfsmittel – Kraft bei der Arbeit.* Wenn Sie Ihre Kraft bei der Arbeit kanalisieren und steigern möchten, können Sie die von uns hierfür vorgeschlagenen Maßnahmen ergreifen und so fast umgehend die innere Energieladung zu Ihren Gunsten verändern.

2. *Hilfsmittel – Kraft durch Aufmerksamkeit.* Um die persönliche Kraft zu beherrschen und zu vergrößern, müssen Sie Ihre

machtvolle Aufmerksamkeit regelmäßig auf jedes der sieben Energiezentren richten und dann den Prozess der Homöostase in Gang bringen, indem Sie auf das gesamte Energiesystem konzentriert bleiben.

3. *Hilfsmittel – Kraft durch kognitive Übung.* Sie können auf eine Reihe bestimmter Konzentrationsformeln zurückgreifen, wobei Sie Stichwörter benutzen, um die inneren Energiezentren aufeinander abzustimmen und neu aufzuladen. Das wird dadurch bewerkstelligt, dass Sie die sieben Konzentrationsformeln memorieren und artikulieren.

4. *Hilfsmittel – Kraft durch Ganzkörperbewusstsein.* Der hier stattfindende Prozess erhöht nicht nur unmittelbar die Energieladung im Körper durch tiefe Atmung und Bewegung, sondern schließt auch den Gesang der entsprechenden Laute mit ein, um Ihre Aufmerksamkeit sofort auf jedes Chakra zu lenken und schließlich das Ganzkörperbewusstsein zu wecken, mit dem Sie die Anordnung Ihrer Energiezentren als ein ebenso einheitliches wie persönliches System begreifen.

5. *Hilfsmittel – Kraft durch Integration.* Sobald Sie morgens aufstehen und abends zu Bett gehen, können Sie einen höchst angenehmen und völlig entspannenden Ablauf einüben, der eine zu starke innere Ladung verringert und die sieben Energiezentren eng miteinander verbindet.

Die subtilsten und am schnellsten wirksamen Hilfsmittel sind zweifellos die ersten beiden, wobei Sie Ihre Aufmerksamkeit gezielt auf das innere Energiesystem richten und es dadurch sowohl ausgleichen als auch aufladen. Gewiss möchten Sie weitere Einzelheiten erfahren, wie Sie sich das am Arbeitsplatz wie auch in der Privatsphäre zunutze machen können.

Das dritte Hilfsmittel mit seiner äußerst nachhaltigen Methode der kognitiven Fokussierung erfordert mehr Zeit und geistige Aktivität, erweist sich aber als wichtiger Rettungsanker, wenn Sie in Gedanken und Gefühlen verstrickt sind, die Sie zermürben und Ihre Energiereserven aufbrauchen. Auch dieses Hilfsmittel kann in jedem Lebensbereich eingesetzt werden, wo Sie Verstand und Gemüt in den Griff bekommen und Ihre Fassung wiederfinden müssen.

Wenn Sie allein im Büro, zu Hause in entspannter Atmosphäre oder draußen im Park sind, können Sie sich des vierten Hilfsmittels bedienen; dabei werden Sie aktiv, indem Sie jene ursprüngliche, völlig fließende Ganzkörperbewegung ausführen, um die Sauerstoffzufuhr zu erhöhen sowie ein Gefühl von neuer Stärke und Freude hervorzurufen. Wenn die Situation es erlaubt, können Sie außerdem die von der Ganzkörperbewegung bewirkte energetische Aufladung durch die Artikulation der sieben Chakralaute noch verstärken.

Um Ihr Energiesystem schnell anzuregen oder zu beruhigen, führt Sie das fünfte Hilfsmittel – die Bewusstseinsübung mithilfe der Hände – vom Schlaf in den Wachzustand, dann vom Wachzustand zurück in den Schlaf; so markiert es Anfang und Ende Ihres Tagesablaufs in energetischer Hinsicht. Je nach Ihrer Absicht hilft Ihnen der Entspannungsprozess, den Körper mit Energie aufzuladen und dessen inneres Gleichgewicht wiederherzustellen.

Ihre Aufgabe ist klar, angenehm und einfach: Befolgen Sie in den nächsten Wochen jeden Tag die hier zu einer Art Leitfaden zusammengestellten Anleitungen oder führen Sie die auf unserer Website vorgeschlagenen Übungen aus. Beherrschen Sie die fünf oben genannten Methoden zum persönlichen Energiemanagement und vergessen Sie nicht, sie regelmäßig zu Ihrem großen Nutzen anzuwenden!

A. Energieschübe bei der Arbeit

Selbst wenn Sie nicht die Zeit haben, eine der PEM-Methoden voll und ganz durchzuarbeiten, gibt es schnell in die Praxis umzusetzende Varianten, die Sie in diesem Buch kennengelernt haben und die Ihnen helfen, den eigenen Energiezustand in der gewünschten Richtung zu verbessern. Denken Sie daran, dass Ihre persönliche Kraft bei der Arbeit folgende Feinde hat: Stress, Sorge, negative Einstellungen und mangelndes Einfühlungsvermögen. Aber auch ungesunde Ernährung, fehlende körperliche Ertüchtigung und Schlafentzug stellen Probleme dar, die angemessen behandelt werden müssen.

⇨ Die wichtigste Waffe, das »Energiespiel« am Arbeitsplatz zu gewinnen, ist Ihre Fähigkeit, Verstand und Gemüt unter Kontrolle zu bekommen, die Aufmerksamkeit auf bestimmte Energiezentren im Körper zu lenken, Atmung und Körperhaltung zu verändern sowie wirksame Konzentrationsformeln zu benutzen, die den Prozess der Homöostase in Gang bringen und neue Kraft geben.

Die hier erläuterten Übungen werden Ihnen bei der Arbeit rasch Energieschübe bescheren. Sie können sie ausführen, ohne dass jemand in Ihrer Umgebung etwas davon merkt.

➪ 1. Entfachen Sie Ihr inneres Feuer (Atemkontrolle)

Sowohl Ihr Gehirn als auch Ihre Muskeln brauchen Sauerstoff, um funktionsfähig zu bleiben. Wenn Sie sich müde oder ausgelaugt fühlen und Ihre Energieladung erhöhen müssen, dann sorgen Sie dafür, dass dem Organismus mehr Sauerstoff zugeführt wird.

Das geschieht, indem Sie ziemlich schnell ausatmen, am Ende des Ausatmens den Atem nicht im Geringsten anhalten, dann langsam und voll einatmen, um am Ende des Einatmens den Atem einen Moment anzuhalten. Anschließend wiederholen Sie den Ablauf. Diese Atemtechnik wird eine psychische Kräftigung und gedankliche Klarheit bewirken, die körperliche Energie erhöhen und Ihre Ausstrahlung verstärken.

➪ Konzentrieren Sie sich auf Ihre Atmung – auf die Luft, die durch die Nase ein- und ausströmt … sowie auf die Bewegungen in Brust und Bauch … Seien Sie sich der Gefühle im Herzen bewusst … Entspannen Sie Zunge und Kehle … Atmen Sie durch den Mund, falls Sie bei der Atmung irgendeinen Druck verspüren …

Atmen Sie nun zehn bis zwanzig Mal in der folgenden Weise:
a) Atmen Sie ziemlich schnell durch den Mund aus und spannen Sie dabei die Bauchmuskeln an …
b) Atmen Sie tief und langsam durch die Nase ein, während Sie die Bauchmuskeln entspannen …
c) Halten Sie den vollen Atem einen Moment an … Genießen Sie das Gefühl, dass Ihre Energie aufgeladen wird!

Vielleicht sprechen Sie sich den Satz vor: »Ich fühle, wie meine Energie ansteigt …«

a) Wiederholen Sie die Übung, indem Sie durch den Mund ausatmen …

b) Atmen Sie tief und langsam durch die Nase ein …

c) Halten Sie den vollen Atem einen Moment an …

Setzen Sie die Übung fort – darauf achtend, dass Sie genau so weiteratmen und zugleich Ihren beruflichen Angelegenheiten nachgehen, ohne den inneren Aufladungsprozess zu unterbrechen.

⇨ 2. Besänftigen Sie Ihr inneres Feuer (Atemkontrolle)

Wenn Sie zu stark aufgeladen sind, müssen Sie die dem inneren Feuer zugeführte Sauerstoffmenge reduzieren. Das geschieht dadurch, dass Sie ziemlich langsam ausatmen, den Atem einen Moment anhalten, sobald die Luft völlig aus Ihnen gewichen ist, und dann ziemlich schnell einatmen. Wiederholen Sie diese Übung viele Male, wenn weniger Sauerstoff in Ihren Körper gelangen soll.

⇨ Diese besondere Atemtechnik bewirkt zudem starke psychische Veränderungen, insofern als Sie ruhiger werden und emotional abkühlen. Beachten Sie auch hier, dass Sie damit fortfahren und gleichzeitig Ihre Arbeit erledigen können.

Konzentrieren Sie sich auf die Luft, die durch die Nase ein- und ausströmt … sowie auf die Bewegungen in Brust und Bauch, während Sie weiteratmen … Seien Sie sich der Gefühle im Herzen bewusst … Entspannen Sie Zunge und Kehle … Atmen Sie durch den Mund, falls Sie bei der Atmung irgendeinen Druck verspüren …

Atmen Sie nun zehn bis zwanzig Mal in der folgenden Weise:

a) Atmen Sie langsam durch den Mund aus …

b) Halten Sie den Atem einen Moment an, sobald die Lungen leer sind …

c) Atmen Sie ziemlich schnell durch die Nase ein …

Vielleicht sprechen Sie sich den Satz vor: »Ich werde allmählich ruhiger …«

a) Atmen Sie wieder langsam durch den Mund aus …

b) Halten Sie den Atem einen Moment an, sobald die Lungen leer sind …

d) Atmen Sie schnell und sanft durch die Nase ein …

Fahren Sie so lange damit fort, wie Sie ruhig und gefasst bleiben müssen. Machen Sie daraus eine Gewohnheit, wenn Sie bei der Arbeit die Neigung haben, sich allzu sehr aufzuregen und überhitzt zu reagieren. Beherrschen Sie sich!

➪ 3. Bekunden Sie Ihre Absicht (Konzentrationsformel)

In gleicher Weise, wie Sie schon zuvor Konzentrationsformeln in den Prozess der Atemkontrolle mit einbezogen haben, können Sie die Wirkung der gerade erlernten Übung steigern, indem Sie bei jedem Ein- oder Ausatmen eine bestimmte Absicht bekunden. Außerdem können Sie eine Konzentrationsformel als kognitive Verstärkung im Hinterkopf behalten, während Sie sich weiterhin Ihrer Arbeit widmen.

a) Wenn Sie die innere Energieladung *verringern* möchten, sagen Sie sich bei jedem *Ausatmen*: »Ich werde allmählich ruhiger …« Am tiefsten Punkt dieses Ausatmens halten Sie den Atem einen Moment an und lassen die soeben gesprochenen Worte in Ihrem ganzen Wesen widerhallen. Durch diese Worte bringen Sie Ihre bewusste Absicht klar zum Ausdruck, woraufhin Körper und Gemüt Sie hören und entsprechend reagieren werden.

b) Wenn Sie dagegen die innere Energieladung *erhöhen* möchten, sagen Sie sich bei jedem *Einatmen*: »Ich fühle, wie meine Energie ansteigt ...« Am höchsten Punkt dieses Einatmens halten Sie den Atem einen Moment an und gestatten, dass die soeben gesprochenen Worte Ihre Empfindung tatsächlich bestätigen und verstärken. Denken Sie daran: Ihre persönliche Kraft ist eine physische Ladung als auch ein emotionaler Zustand, eine geistige Einstellung und eine bewusste Entscheidung. Eine derart geeignete Konzentrationsformel wird alle vier Dimensionen Ihres Wesens gleichzeitig ansprechen. Vergewissern Sie sich dieser Aussage, sobald Sie zu Ihrer Arbeit zurückkehren.

▷ 4. Seien Sie fest verwurzelt! (Konzentrationsformel)

Wenn Sie das Gefühl haben, bei der Arbeit Ihre ursprüngliche Kraft verloren zu haben, können Sie die Aufmerksamkeit direkt auf die ersten drei Energiezentren richten, um deren Ladung zu aktivieren. Hier ist die Anleitung, wie Sie dabei vorgehen. Bedenken Sie: Niemand außer Ihnen weiß, was Sie da tun.

a) Ob Sie sitzen oder stehen – konzentrieren Sie sich zunächst (wie immer) auf die Luft, die durch die Nase ein- und ausströmt ... sowie auf die Bewegungen in Brust und Bauch, während Sie weiteratmen ... Kommen Sie in Einklang mit dem dritten Chakra der persönlichen Kraft, indem Sie sich den Ausdruck »Persönliche Kraft« vorsprechen und zulassen, dass diese Worte Ihre Aufmerksamkeit tief nach unten in den Bauch lenken … Atmen Sie aus und sehnen Sie sich nach Luft, … um dann kraftvoll einzuatmen.

b) Dehnen Sie jetzt Ihre Aufmerksamkeit aus, sagen Sie »Geschlecht« und besinnen Sie sich auf den Genitalbereich, damit auch Ihre sexuelle Kraft mit einbezogen wird … Sprechen Sie dann das Wort »Wurzel« aus, um das Becken bewusst wahrzunehmen … Lassen Sie es bei jedem Atemzug ein wenig kreisen und genießen Sie die Wirkung der darin sich erneuernden Energie … Lenken Sie schließlich Ihre Aufmerksamkeit in die Beine und Füße.

c) Fühlen Sie sich mit der Kraft der Erde tief verbunden und bekräftigen Sie: »Ich bin fest verwurzelt und aufgeladen mit ursprünglicher Energie!«

▷ 5. Beherrschen Sie Ihre Stimmungen
   (Verschiebung des Wahrnehmungsfokus)

Wenn eine düstere Stimmung oder gefühlsmäßige Beengtheit die Ursache Ihrer Erschöpfung oder Überreizung ist, so kann allein schon die Vergegenwärtigung einer bestimmten Konzentrationsformel wahre Wunder wirken und Ihre Energie freisetzen beziehungsweise eindämmen.

⇨ Erneut besteht der Kunstgriff darin, dass Sie die eigene Absicht klar zum Ausdruck bringen, und zwar mit Worten, die Ihre Stimmung in die gewünschte Richtung lenken. *Sag es – und tu es!* lautet hier das Motto. Lassen Sie Körper und

Gemüt wissen, was Sie möchten; dann wird das Ego die formulierte Botschaft in die Praxis umsetzen.

Es folgen einige Konzentrationsformeln, die Ihre Stimmung sowie Ihren Energiezustand in der angegebenen Weise verändern.

1. *Von der Sorge zur Zuversicht*:
   »Ich lasse meine Sorgen los und fühle mich friedlich …«

2. *Von der Wut zur bejahenden Einstellung*:
   »Ich bändige meine Wut und akzeptiere jeden Menschen so, wie er ist …«

3. *Von der Verwirrung zur Klarheit*:
   »Mein Geist ist ruhig, unverzagt und klar …«

4. *Vom Trübsinn zur Glückseligkeit*:
   »Ich höre auf, mich schlecht zu fühlen, und treffe die Entscheidung, mich gut zu fühlen …«

5. *Von der Aufregung zur Ruhe*:
   »Ich beschließe, meine Aufregung loszulassen, und fühle mich entspannt …«

Sie können zu diesen Themen gerne auch selbst Konzentrationsformeln erfinden, damit Sie Ihre Absichten und Wünsche deutlich bekunden und sich in deren jeweilige Richtung bewegen. Sie haben tatsächlich die Wahl!

B. Energieausgleich durch Bewusstheit

○ *Bewusstseinsübung 1: Das ruhige Ego*

Wann immer Sie sich von dem Gerede im Kopf und den chronischen Sorgen befreien möchten, die Ihre Energiereserven durch unerwünschte Gefühle und leidige Stimmungsumschwünge aufzehren, durchlaufen Sie den folgenden Prozess zur inneren Beruhigung. Mittels traditioneller Konzentrationsformeln, die Sie auswendig lernen und jederzeit bei der Arbeit, zu Hause oder unterwegs sich vorsprechen können, verschafft diese Technik schnell Erleichterung von Sorge und Stress und gewährt Seelenfrieden, Freude am Augenblick sowie ein plötzliches Aufwallen von Schöpferkraft und Einfühlungsvermögen.

⟹ Vergessen Sie nicht: Übung macht den Meister. Sie bilden hier eine neue Gewohnheit aus, also widmen Sie dem Training dieses »mentalen Muskels« mehrmals täglich zumindest eine Minute.

Ungeachtet Ihrer momentanen Tätigkeit können Sie die Aufmerksamkeit stets ausdehnen, um auch die Erfahrung mit dem eigenen Atem mit einzubeziehen. Erinnern Sie sich der nachstehenden Konzentrationsformeln, die unterschiedliche Empfindungen bei der Atmung auslösen und darüber hinaus die Gefühle im Herzen wecken. Werden Sie sofort lebendig!

1. »Ich spüre, wie die Luft durch meine Nase ein- und ausströmt ...«
2. »Außerdem spüre ich die Bewegungen in Brust und Bauch ...«
3. »Ich bin mir meiner Gefühle im Herzen bewusst ...«
4. »Ich bin jetzt hier, an diesem Ort, und atme völlig frei ...«

○ *Bewusstseinsübung 2: Harmonisierung aller Chakren*

Indem Sie Ihre Aufmerksamkeit direkt auf ein körperliches Energiezentrum nach dem anderen richten, bringen Sie naturgemäß den Prozess der Homöostase in Gang. Sie beseitigen dadurch unbewusst hervorgerufene Energiestauungen, fühlen plötzlich eine tiefe Freude aufsteigen und erreichen ein Höchstmaß an energetischem Gleichgewicht.

Für jedes Energiezentrum gibt es ein bestimmtes Stichwort, das Sie einfach auswendig lernen und sich vorsprechen. Diese Bezeichnung lenkt Ihre Aufmerksamkeit sofort in die betreffende Richtung.

⇨ Besinnen Sie sich auf Ihre Atmung und die von ihr ausgelösten Empfindungen ... Während Sie die folgenden Stichwörter nacheinander nennen, lassen Sie zu, dass diese Ihre bewusste Wahrnehmung in das jeweilige Energiezentrum leiten.

1. Sagen Sie zu sich: »Wurzel«, und gestatten Sie diesem Wort, Ihre Aufmerksamkeit auf das Becken, das unterste Ende der Wirbelsäule, die Beine und Füße zu richten ...

2. Sprechen Sie sich nun das Wort »Geschlecht« vor und er-

lauben Sie Ihrer Aufmerksamkeit, höher zu steigen und den Genitalbereich sowie alle Gefühle oder Energieladungen mit einzubeziehen, die Sie dort aufspüren ...

3. Sagen Sie: »Kraft«, wobei Sie sich auf das dritte Chakra etwas weiter oben in Bauch und Solarplexus konzentrieren ...

4. Äußern Sie jetzt das Wort »Herz« und lenken Sie Ihre Aufmerksamkeit in Brust und Herz ... Seien Sie sich jener Gefühle voll bewusst, die sich im vierten Chakra bemerkbar machen – und lassen Sie dort die Liebe einströmen ...

5. Sagen Sie dann »Kommunikation«, damit Aufmerksamkeit und Energie nach oben in Mund, Kehle und Verstand steigen ...

6. Formulieren Sie zusätzlich den Ausdruck »Schöpferische Einsicht«, während Ihre Aufmerksamkeit ungehindert ins Zentrum des Gehirns hinter den Augenbrauen vordringt ... Seien Sie empfänglich für jeden Geistesblitz, der Ihnen zuteil werden mag ...

7. Sagen Sie schließlich: »Integration«, wodurch die Aufmerksamkeit sanft zum Scheitel emporsteigt, in das siebte, integrative Zentrum ... Gestatten Sie ihr, sich im ganzen Körper auszubreiten, damit Sie das gesamte innere Energiesystem als Einheit erfahren ... Atmen Sie tief ein und aus ... Lassen Sie die Energie frei fließen ... Seien Sie offen für neue Eindrücke!

Hier also die Reihenfolge der Stichwörter im Überblick:

Wurzel
Geschlecht
Kraft
Herz
Kommunikation
Schöpferische Einsicht
Integration

*Machen Sie eine Pause und vergegenwärtigen Sie
sich Ihre inneren Erlebnisse.*

C. Energiezufuhr mithilfe von Konzentrationsformeln

Mehrmals täglich, wenn Sie noch etwas Zeit (zwei bis vier Minuten) übrig haben, können Sie den ganzen energetischen Prozess anhand von Konzentrationsformeln durchlaufen, die dazu beitragen, dass Sie sich Ihrer ganzkörperlichen Gegenwart bewusst werden, die notwendige Aufmerksamkeit und Absicht der Reihe nach auf alle Chakren richten und so Ihre persönliche Energieladung ausgleichen.

⇨ Für diesen Vorgang benutzen Sie Sätze, die Ihre energiereichste Absicht in Bezug auf jedes der sieben Chakren deutlich zum Ausdruck bringen. Diese Aussagen lenken Ihre Aufmerksamkeit genau dorthin, wo Sie sie dringend brauchen, um Kraft und inneres Gleichgewicht schnell wiederzufinden.

Sobald Sie den Ablauf auswendig können, müssen Sie nur die betreffende Konzentrationsformel bei jedem neuen Ausatmen sprechen und dann beim Einatmen die Macht dieser Worte empfinden, um im eigenen Energiesystem die gewünschte Erfahrung hervorzurufen. Natürlich steht es Ihnen frei, jede Konzentrationsformel mehrmals zu artikulieren, wenn Sie genügend Zeit dafür haben.

1. WURZELCHAKRA: Lenken Sie Ihre Aufmerksamkeit hinab in das erste Energiezentrum … und sprechen Sie sich die folgende Konzentrationsformel vor:

»Ich fühle mich in Becken, Beinen und Füßen fest verwurzelt …«

2. SEXUALCHAKRA: Seien Sie sich auch der sexuellen Ladung im Genitalbereich bewusst und sagen Sie zu sich:

»Ich genieße meine sexuelle Energie …«

3. NABELCHAKRA: Lassen Sie zu, dass Ihre Aufmerksamkeit sich weiter ausdehnt, um zusätzlich das dritte Energiezentrum tief unten in Bauch und Solarplexus mit einzubeziehen … Sagen Sie sich:

»Meine persönliche Kraft fühlt sich gut und
ausgeglichen an …«

4. HERZCHAKRA: Lenken Sie die Aufmerksamkeit nun ins Herz … Empfinden Sie dort die Liebe, die mit den Energien der drei unteren Chakren verschmilzt und sie umwandelt … Sprechen Sie sich die Formel vor:

»Mein Herz ist empfänglich dafür, mit Liebe aufgeladen
zu werden …«

5. KEHLCHAKRA: Dehnen Sie jetzt Ihre Aufmerksamkeit noch weiter aus, um auch das fünfte Energiezentrum in Kehle, Mund und Lippen zu erfassen … Entspannen Sie Zunge und Kiefer … Lassen Sie Ihren Verstand zur Ruhe kommen … Konzentrieren Sie sich weiterhin auf die Atmung … sowie auf die Gefühle im Herzen … und formulieren Sie:

»Mein Verstand ist ruhig und klar …«

6. BRAUENCHAKRA: Richten Sie nun Ihre Aufmerksamkeit zusätzlich auf das sechste Energiezentrum zwischen, etwas über und hinter den Augenbrauen … Genießen Sie diese glänzende, strahlende Energie des nonverbalen, intuitiven Bewusstseins … und sprechen Sie die Konzentrationsformel aus:

»Ich bin offen, um höhere Unterweisung und
Kraft zu empfangen …«

7. KRONCHAKRA: Dehnen Sie Ihre Aufmerksamkeit noch mehr aus, um schließlich das siebte Energiezentrum am Scheitel sowie das gesamte Energiesystem mit einzuschließen … Lassen Sie Ihr inneres Auge direkt auf die ursprüngliche Quelle der persönlichen Kraft und Weisheit schauen … und fühlen Sie dieses leuchtende Bewusstsein, das all Ihre Energiezentren zu einem harmonischen Ganzen vereint … Sagen Sie:

»Ich fühle mich durch meine innere Quelle gestärkt …«

Entspannen Sie sich jetzt einfach … Atmen Sie in eine neue Empfindung hinein … und gestatten Sie, dass der natürliche Prozess der Homöostase Ihr ganzes Energiesystem neu auflädt … Seien Sie jederzeit gewiss, diese Veränderung vorbehaltlos zu bejahen, und genießen Sie Ihre Erfahrung!

Fassen wir hier auch die Konzentrationsformeln noch einmal zusammen:

1. »Ich fühle mich in Becken, Beinen und Füßen fest verwurzelt ...«
2. »Ich genieße meine sexuelle Energie ...«
3. »Meine persönliche Kraft fühlt sich gut und ausgeglichen an ...«
4. »Mein Herz ist empfänglich dafür, mit Liebe aufgeladen zu werden ...«
5. »Mein Verstand ist ruhig und klar ...«
6. »Ich bin offen, um höhere Unterweisung und Kraft zu empfangen ...«
7. »Ich fühle mich durch meine innere Quelle gestärkt ...«

*Machen Sie eine Pause und vergegenwärtigen
Sie sich Ihre Eindrücke.*

●●●

D. Neue Energie dank Bewegung und Gesang

Es ist stets eine Herausforderung, die eigene Trägheit zu überwinden, sich aufzuraffen und zur Tat zu schreiten – also die folgende Bewegungs- und Gesangsübung zu machen. Doch die Belohnungen sind in vielerlei Hinsicht von hohem Wert. Erfahren Sie für sich jene nachhaltige Wirkung, die sowohl die tiefe Atmung wie auch der ganze Bewegungs- und Vibrationsprozess auf Sie ausüben.

⇨ Wenn Sie die Ganzkörperbewegung ausführen, wird Ihr Verstand auf natürliche Weise beruhigt, Ihr Herz belebt, Ihr Energiesystem ausgeglichen und Ihre Ausstrahlungskraft verstärkt. Scheuen Sie sich nicht, unsere Website aufzusuchen und die Videodemonstration dieser Bewegung sowie des Gesangs zu verfolgen, falls Sie zusätzliche Anleitungen brauchen.

Führen Sie die weiter unten noch einmal beschriebene Ganzkörperbewegung sieben Mal hintereinander aus, und zwar für jedes einzelne Chakra samt dem dazugehörigen Laut:

1. WURZELCHAKRA: »Lam …«
2. SEXUALCHAKRA: »Vam …«
3. NABELCHAKRA: »Ram …«
4. HERZCHAKRA: »Yam …«
5. KEHLCHAKRA: »Ham …«
6. BRAUENCHAKRA: »Om …«
7. KRONCHAKRA: ein stilles, unhörbares »Om …«

○ *Ganzkörperbewegung mit Gesang*

1. Stehen Sie zunächst mit leicht gespreizten Beinen und herabhängenden Armen da; während Sie durch die Nase voll ausatmen, beugen Sie die Knie ein wenig und spannen die Bauchmuskeln an.

2. Wenn Sie nun ruhig durch die Nase einatmen, führen Sie die Hände nah aneinander, die Handflächen nach unten, und heben dann langsam Arme und Hände.

3. Mit gerader Wirbelsäule, die Arme hoch über dem Kopf, ist Ihr Körper so weit wie möglich gestreckt und Ihr Blick geht nach oben; halten Sie die Luft beim Einatmen kurz an, um diese volle Streckung zu genießen.

4. Beim langsamen Ausatmen durch den Mund fangen Sie an, den Laut des ersten Chakras zu singen, während sich Arme und Hände nach unten und nach außen bewegen, mit nach oben zeigenden Handflächen; beugen Sie dann schrittweise Rücken und Knie, derweil die Arme in einer anmutigen Bewegung an die Körperseiten sinken.

5. Beugen Sie sich immer weiter nach unten, bis Sie keine Luft mehr haben und still werden … bis Kopf und Arme frei über dem Boden hängen … und die Lungen völlig leer sind.

6. Richten Sie sich, durch die Nase einatmend, Arme und Hände nah beieinander, allmählich wieder auf … Drücken Sie Kreuz und Knie durch … bis Sie sich schließlich in die Höhe recken und den Blick nach oben richten, wäh-

rend Sie die Lungen ganz mit Luft anfüllen … um dann auf dem Weg nach unten erneut auszuatmen, den Laut des nächsten Chakras singend.

Wiederholen Sie diese Bewegung für alle weiteren Chakren, wohlwissend, dass der Laut des siebten Chakras ein stilles »Om« ist.

E. Einbeziehung der Hände/
völlige Entspannung

Wann immer Sie etwas Zeit haben, um sich bequem hinzulegen, können Sie durch Einbeziehung der Hände die folgende ebenso reichhaltige wie bemerkenswerte Erfahrung
mit Ihrer Energie machen. Erinnern Sie sich daran, dass es
für jedes Chakra eine bestimmte Handbewegung und -posi-
tion gibt.

⇨ Die visuelle Präsentation dieser Übung auf unserer
Website mag Ihnen helfen, die Hände richtig zu platzieren.
Die freundliche Stimme wird Sie durch jeden Abschnitt füh-
ren, sodass Sie überhaupt nicht nachzudenken brauchen …
Geben Sie sich einfach Ihrer Erfahrung hin!

Beachten Sie bitte, dass dieser Ablauf genauso wie jeder andere im Programm auf dem bewussten Umgang mit der Atmung beruht … Richten Sie Ihre Aufmerksamkeit also immer wieder auf die durch die Nase eingeatmete Luft … auf
die Bewegungen in Brust und Bauch … sowie auf die Gefühle im Herzen … Dehnen Sie dann die Aufmerksamkeit
aus, um jene Energiezentren mit einzuschließen, die Ihre
Hände gerade aktivieren. Ihre Aufmerksamkeit mag es, sich
auszudehnen und das Ganze zu erfassen. Lassen Sie ihr
durch diese Meditation jede Freiheit!

1. Legen Sie sich rücklings bequem auf den Boden oder das
   Bett. Spüren Sie die Luft, die durch die Nase ein- und aus-
   strömt … sowie die Bewegungen in Brust und Bauch …
   Seien Sie sich auch der Gefühle im Herzen bewusst … Er-

lauben Sie jetzt Ihrem Bewusstsein, sich noch mehr auszudehnen und sämtliche Körperbereiche gleichzeitig zu
umfassen, hier, in diesem Augenblick …

2. Lenken Sie Ihre Aufmerksamkeit nun besonders auf die
   Hände … auf das Gefühl, mit der Erde und Ihrem ersten
   Chakra tief verbunden zu sein … Legen Sie sie mit den
   Handflächen nach unten auf den Boden oder das Bett …
   Nehmen Sie auch Becken, Beine und Füße deutlich
   wahr … im Kopf das Wort »Wurzel« …

3. Während Sie die linke Hand ruhen lassen, heben Sie sanft
   die rechte Hand und legen sie auf den Genitalbereich …
   Seien Sie sich beider Hände bewusst … Richten Sie die
   Aufmerksamkeit gleichzeitig auf beide Hände und beide
   Chakren … Sagen Sie leise: »Wurzel und Geschlecht ver-
   eint …«

4. Heben Sie jetzt die linke Hand und legen Sie sie auf den
   unteren Teil Ihres Kraftzentrums nahe dem Bauchnabel … Seien Sie sich der rechten Hand auf dem Sexualchakra und der linken Hand auf dem Nabelchakra bewusst … Holen Sie einige Male tief Luft, um sich auf
   beide Zentren gleichzeitig zu konzentrieren, … und sprechen Sie die Worte aus: »Geschlecht und Kraft vereint …«

5. Nun bewegen Sie die rechte Hand auf den Solarplexus,
   ihrer ebenso gewahr wie der linken Hand auf dem Zentrum persönlicher Kraft … Erfahren Sie die natürliche
   Verbindung zwischen der rohen, instinktiven Kraft tief
   unten im Bauch und der verfeinerten Willenskraft im Solarplexus …

6. Legen Sie jetzt die linke Hand auf das Herz ... Atmen Sie in die Empfindung Ihrer vom Willen gesteuerten Kraft im dritten Chakra, die mit dem Mitgefühl und der unbedingten Liebe des vierten Chakras verschmilzt und dadurch gereinigt wird ... Sagen Sie: »Kraft und Liebe vereint ...«

7. Bewegen Sie nun die rechte Hand nach oben und platzieren Sie sie auf die Kehle, wobei der Daumen nach rechts, die Finger nach links zeigen ... Lassen Sie zu, dass Ihre Kehle sich entspannt ... Fühlen Sie gleichzeitig die Energie von Herz und Kehle ... und sagen Sie zu sich: »Herz und Kehle vereint ...«

8. Heben Sie dann die linke Hand, um sie auf den Mund zu legen ... Entspannen Sie Zunge und Kiefer ... Atmen Sie in jede Empfindung, die sich bemerkbar macht, während Sie vollkommen auf Ihr Kommunikationszentrum konzentriert sind ...

9. Legen Sie anschließend die rechte Hand sanft auf Ihre Augen ... Lassen Sie zu, dass diese sich entspannen ... Spüren Sie Kehle und Augen, während Sie zugleich auf Ihre Gedanken und Einsichten achten ... Sagen Sie: »Gedanke und Einsicht vereint ...«

10. Jetzt legen Sie die linke Hand auf die Stirn ... Besinnen Sie sich ganz auf Ihre höhere intuitive Gegenwart ... Erfahren Sie die völlige Ruhe, Stille und Klarheit ...

11. Platzieren Sie die rechte Hand behutsam auf den Scheitel ... Atmen Sie in die Empfindung, die von der alles

umfassenden Kraft des siebten Chakras hervorgerufen wird ... Sprechen Sie die Formel aus: »Kreative und integrative Kraft vereint ...«

12. Bewegen Sie schließlich die linke Hand am Körper hinab, bis sie auf dem ersten oder zweiten Chakra ruht (je nachdem, welches Ihnen mehr Wohlbehagen bereitet), sodass beide Hände jetzt den Kontakt zwischen »Oben« und »Unten« herstellen ... Atmen Sie in dieses Gefühl der tiefen Verbindung zwischen allen Chakren ... und sagen Sie zu sich:

»Ich fühle mich ganz ... ausgeglichen ... gesund ...
und friedlich ...«

Seien Sie sich für einige Augenblicke – oder so lange, wie Sie daran Gefallen finden – Ihrer beiden Hände bewusst ... und Ihrer Atmung ... sowie Ihres ganzen ruhenden Körpers, während Sie mit neuer Kraft aufgeladen werden und den gegenwärtigen Augenblick genießen ...

Machen Sie eine Pause und vergegenwärtigen
Sie sich Ihre Erfahrungen.

Audiovisuelle Übungsprogramme
und Anleitungen im Internet

John Selby hat eine Reihe von Onlineprogrammen, die Ihnen spirituelle Unterweisungen durch audiovisuelle Demonstrationen bieten. Besuchen Sie einfach seine Website unter *www.selbyvideo.com/german*, wo Sie auch weitere unterstützende Maßnahmen zum persönlichen Energiemanagement sowie zahlreiche Materialien über den richtigen Umgang mit der Kraft des Bewusstseins finden.